改訂版

沖縄経済と業界発展

歴史と展望

はしがき

新型コロナウイルスのパンデミックは、地球規模で社会経済のありようを大きく変えつつある。たとえば、これまでの〔生産―流通―消費〕の形態が変わった。人びとの考えや行動パターン、働き方も変化を余儀なくされている。私たちは、新たな生産、流通、消費などに対応した産業形態や企業経営のあり方を考えなければならない局面に置かれているといえよう。

このようなパラダイム・チェンジが起こりつつあるコロナ禍の中で、今後の沖縄の経済と産業界のあり方を考えるために、1950倶楽部で本書の発刊計画が持ちあがり、2021年3月に初版が出て、この度、改訂する運びとなった。改訂に当ってデータの更新や内容の追記を行った。

本書は、沖縄の歴史的背景の中で経済と業界がどのように発展・盛衰してきたかの全体像を、企業人のみならず、若い会社員や公務員、大学生などの皆さんに理解してもらいたい、との思いから執筆されたものである。

本書では、発刊の趣旨に沿って経済学と経営学の視点から、沖縄の経済と業界の歴史を可能な限り俯瞰的に示すことにした。21世紀も四半世紀が過ぎようとしているが、とりわけ若い読者の皆さんには温故知新によってこれからの沖縄の経済と業界のあり方について思索をふくらませてもらいたいと願っている。

第一章は、琉球・沖縄の歴史を経済学の視点で整理した。沖縄が王国時代、唐の世、ヤマトの世、アメリカ世…というように、世代わりによって制度変革をたびたび経験してきた歴史を、パラダイム・チェンジという観点から経済学的にとらえている。制度的ゆがみがある中で、経済発展を支える一貫した制度がなかったこと、個人が主人公となる市民社会の立ちおくれ、何よりもヒューマン・キャピタル（人的資本）への投資と民間の資本蓄積のおくれが、沖縄経済の低位性をもたらしたことを示した。

第二章は、明治期、戦中、戦後期、日本復帰、21世紀の時代背景を概観し、沖縄における産業発展を鳥瞰して、明治初期から現在に至るまでの沖縄の経済と業界を企業の興亡を通して丹念に記している。取り上げる業界は、20業種にも及んでいる。沖縄において、創業スピリッツがどのように結実し、環境変化の中で企業形態がどのように変わっていったかが示されている。

第三章は、沖縄経済の自立という観点から、漏れ経済の実態を明らかにし、ポストコロナ時代を見据えて、沖縄の未来像を示し、新たな制度の創設を提案している。これは、沖縄の社会経済が抱える課題群の解決にも寄与する制度となることを目指す。そして、沖縄の持続的自立型経済の確立のための一方策として、地場産業を中心とする産業クラスター形成のためのプロジェクトKを提示した。

第四章は、企業が生き延びていくための競争力は、その企業のリソースと組織ルーチン（仕事のやり方や行動のパターン）から構成される組織能力であるという方程式を示し、企業の組織能力と競争力の関係を解説している。企業経営の持続性には、既存事業の深掘りと新規事業の探索を同時に行う両利き戦略が必要であるという。その実現のために経営トップがとるべき四つのアクションが示されている。

本書の特徴を挙げるならば、異分野のコラボレーションの成果となっている点である。一つは、経済学と経営学のコラボである。この視点で沖縄の経済と業界を書いた本はそう多くはないのではないかと思う。経済学はマクロ的アプローチを、経営学はミクロ的アプローチを得意とするが、本書ではマクロとミクロの両面から沖縄の経済と業界の中身を味わうことができる。いま一つは、研究者と地元新聞二社のベテラン記者とのコラボの成果としての本書である。とりわけ、二紙の記者によって精選されたコラムは、本書の〝味〟を引き立ててくれるスパイスの役割を果たしている。

沖縄の施政権が日本に返還されて半世紀を迎えた。沖縄振興の命題の一つである沖縄経済の自立的発展のためには、個々の企業が不断に自らの企業価値を高める努力をすることが肝要である。そして、企業価値を高めるには、人的資本となる人材の育成と人財の活用が必要とされる。産学官が連携して人材戦略を有効に機能させることにより、沖縄経済の自立へ向けた新たな優位性が創出されることを期待したい。

琉球大学　名誉教授

大城　肇

第二章

沖縄産業発展のあゆみ

専修大学　経営学部　教授　山内　昌斗

第一章

琉球・沖縄の経済発展史

琉球大学　国際地域創造学部　准教授
大城　淳

大城 淳（おおしろ じゅん）

琉球大学国際地域創造学部准教授。那覇市出身。大阪大学経済学部卒業。大阪大学大学院経済学研究科博士後期課程修了。博士（経済学）。沖縄大学経法商学部講師、准教授を経て２０２２年より現職。専門は空間経済学。

【主著】"*Industrial Structure in Urban Accounting*" (with Y. Sato) Regional Science and Urban Economics, 近刊。
"*Capital mobility – resource gains or losses? How, when, and for whom?*" (with H. Ogawa, Y. Sato) Journal of Public Economic Theory, 18:417–450, 2016.

1　沖縄はなぜ貧しいのか

歴史から学ぶ

本章は、琉球王国時代から現代にいたるまでの、沖縄の歴史を、経済学の視点から整理していく。はじめに、歴史を記述していくに先んじて、現代の沖縄の経済的状況を理解するためには、歴史的な経緯をたどっていくことが必要なことを論じる。それから、歴史をたどりながら、沖縄においてなぜ近代化が遅れたかについて考えていく。

そもそも、歴史から学ぶとはいったいどういうことだろうか。アメリカの小説家マーク・トウェインの箴言を紹介しよう。

「歴史は繰り返さない。しかし、韻を踏む。」

歴史的事実は、それ自体が未来の予測や予言になるわけではない。過去と現在は、置かれた状況がまったく異なるからである。むしろ単に状況が似ている点は、不注意な初学者にとって落とし穴にさえなる。たとえば、15世紀に琉球王国が国際貿易のハブとして東アジアで活躍していたことは、現代の沖縄が同じような役割を果たすことをまったく保証しない。15世紀においては、ＩＴ革命もエネルギー革命も（第３次）人工知能ブームも起きていなければ、中国が世界貿易機関に加盟し世界の工場としてグローバルな生産ネットワークの中心にいたわけでもないからだ。また、同じサイコロを同じように振っても同じ目が出るとは限らないもので、たとえ置かれた状況が似通っていたとしても偶発的に違う道を歩むことだって不自然ではない。

しかしながら、歴史は繰り返さないといっても、我々は歴史と対峙する中で教訓を得ることができる。また、歴史を一種の実験室として利用して、現代的な問いや仮説を検証することもできる。時代や空間を超えて成り立つような普遍的原理を、我々が知覚できる歴史的欠片から抽出することや、少なくとも抽出しようとする試みは、現代の社会経済を理解する上でも有益な営みになる。

戦後のGDP

沖縄経済の歩みを、統計データが簡単に入手できる範囲で、整理したい。沖縄経済の今を理解するためには、沖縄経済の歴史を遡る必要がある。

なお本章では「沖縄」と「沖縄県」は同じ意味で用いる。県が設置される以前であっても沖縄の住民のことを「県民」と総称する。同様に、地名はなるべく現在のものを用いる。たとえば薩摩のことを鹿児島などとも書く。誤解のない範囲で、「日本」は沖縄を含まない「本土」と同じ意味にも、沖縄を含めた「日本全国」と同じ意味にも用いる。

経済の総合的な姿を捉える上でもっとも基本的な指標は、国内総生産（GDP・Gross Domestic Product）である。GDPは地域の中で、1年間のうちに、どれだけの付加価値を生み出したかを捉える指標である。GDPのうち国民が所得として受け取れる分を国民所得（県の場合、県民所得）と呼ぶ。県民所得を利用して経済の豊かさがどう推移してきたかを見るときには、二つの調整を施すことが一般的である。一つは、人口の変化による影響を除くため、県民所得を人口で割った、一人あたり県民所得に直すことだ。もう一つは、物価の変化による影響を除くため、実質変数に直すことだ。二つの調整を施したものを、一人あたり実質県民所得と呼ぶ。

図1は、1955年度から2014年度までの、沖縄県と全国の一人あたり実質県民所得の推移を描いたものである（沖縄の復帰前は村上・藤澤（2009）の推計を利用。データの細部は章末で説明）。平たく言うと、沖縄と全国の経済成長の歩みを表している。図1は沖縄経済を理解する上でもっとも重要な図だ。

図1の縦軸は対数目盛になっている。対数目盛は、指数関数的成長をするような、言い換えれば一定の成長率で伸びていくようなデータの時系列的推移を見る上でよく使われる。対数目盛の図においては、グラフの傾きが成長率を表す。

図1のどの時点で見ても沖縄は全国より低水準である（貧しい）ことがわかる。2014年度の時点では全国比で7割程度の所得水準である。7割程度という状況は復帰した後から大きく変化していない。貧しい地域が豊かな地域に時間をかけて追いつく

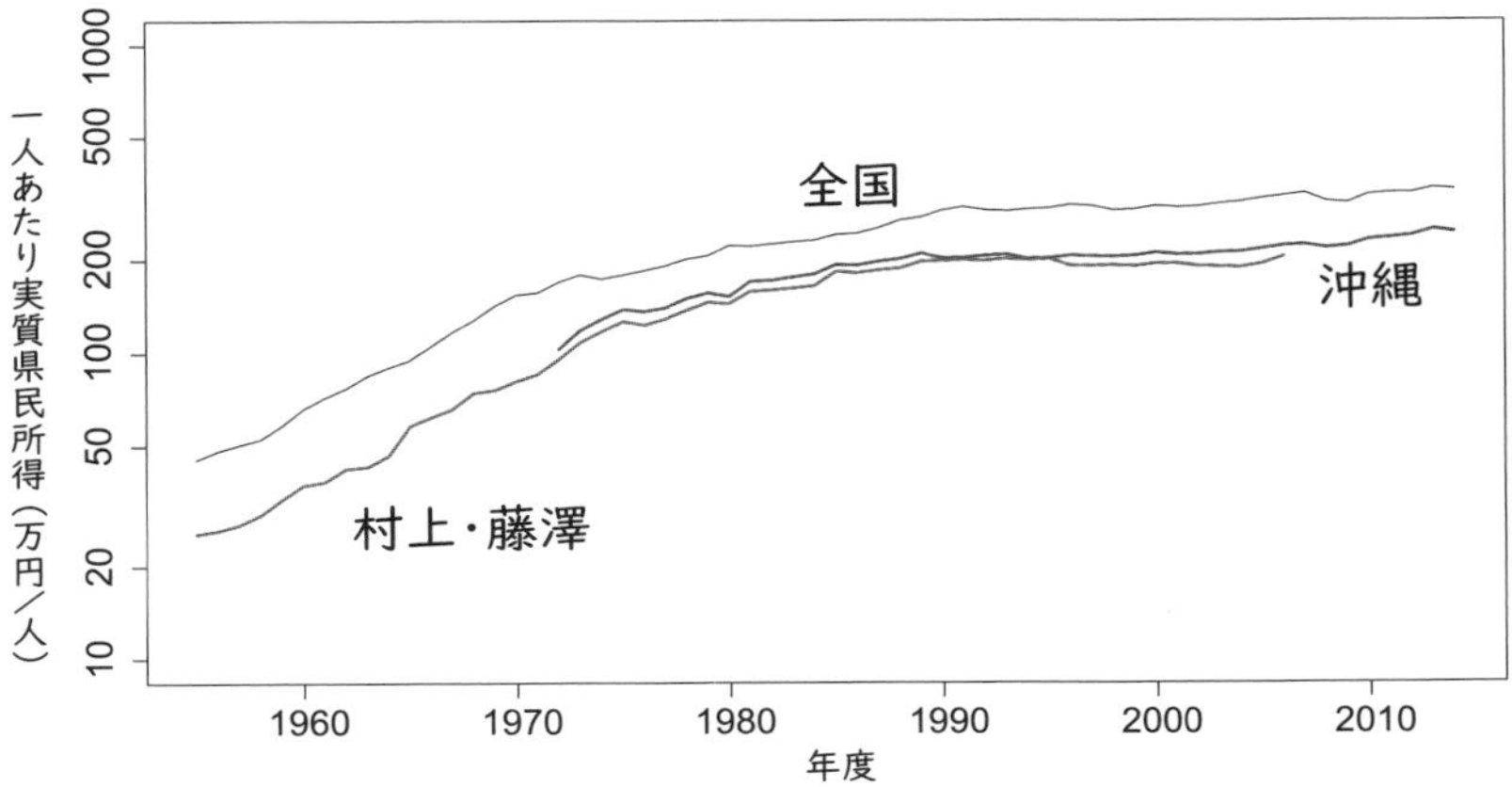

〈 図1　経済成長経路の比較 〉

ことを経済学ではキャッチ・アップと呼ぶ。沖縄は全国平均にキャッチ・アップしていないのである。図1の特に面白いところは、沖縄の経済成長率（グラフの傾き）の推移が、全国平均の経路と酷似していることだ。沖縄経済は日本経済とまったく異質で独特な存在、では決してない。沖縄と全国のグラフはほぼ平行で、傾きはそっくりだ。これは沖縄と全国がほぼ同じペースで戦後、経済成長してきたことを意味する。経済成長率が折れ曲がる二つの転換点もほぼ同時期である。

こうして経済成長の歩みを統計データで眺めると、現在、沖縄経済が全国に比べて貧しい理由が見えてくる。沖縄は経済成長のペースが遅くてキャッチ・アップできないのではない。経済成長のペースは全国とほとんど同じだが、出発が遅れたのである。これから全国並みに追いつくためには、全国以上の成長率を維持する必要がある。

経済成長というものは、100メートル走のように、同じ位置から同じタイミングでスタートするものではない。同じスピードで走ることができたとしても、スタートが2秒遅れていたらゴールで2秒遅れて当然なのだ。ここでいう「2秒」は実際の時間では約10年である。スタート地点を1955（昭和30）年とすると、沖縄が全国の1955年の水準にたどり着いたのは1964（昭和39）年のことである。

もし出発地点さえ同じであったら（図1のグラフを上方に平行移動させるイメージを持てばよい）、現在ある全国との所得格差はほとんど消滅してしまうだろう。沖縄の貧しさは、出発が10年遅れたことだけで大部分を説明できてしまうのである。沖縄が貧しい理由を説明するための仮説は他にも、たとえば戦後の沖縄振興政策が失敗した、製造業が育たなかった、経済的な「自立」を果たせなかった、イノベーションに不向きな文化や性格だ、米軍基地が邪魔だ、県内の所得格差が大きい、などさまざまなものが考えられてきた。筆者は、これらの仮説は、沖縄が長期間にわたって全国と同じスピードで持続的成長を果たしており、初期値を除き沖縄が特段有利とも不利とも言えないという定型的事実と整合的でないと考えている。そもそも、「沖縄ならでは」という、地域固有の要因（特に時間不変なもの）を、他地域との比較から見いだし、説得力のある形で示すことは技術的に難しい。

出発が10年遅れた、と言えば、多くの人は戦争で人的・物的被害を受けたことを思い起こすに違いない。たしかに戦争は沖縄の出発を遅らせた重要な要因と考えられる。しかしながら、第二次世界大戦が始まる以前から、沖縄は全国よりも貧しかった。むしろ貧しかったからこそ本土決戦までの時間稼ぎとして位置づけられたのかもしれない。では、なぜ沖縄は戦前から貧しかったのだろうか。ここから先は沖縄の歴史を追いかけながら、次第に明らかにしていくことにしよう。

ここまでの議論をまとめておく。沖縄経済が、今、貧しい（平均的な所得水準が低い）理由は、昔も貧しかったから、ということに尽きる。今の沖縄経済を理解するには、歴史を振り返らねばならない。

2 琉球王国と大交易時代

琉球王国が成立した時代

15世紀に誕生した琉球王国から話を始めたい。15世紀前半に中山王尚巴志が3つの勢力（中山、山南、山北）を武力統一し、沖縄ではじめての統一政権、琉球王国を打ち立てた。

尚巴志が中山王となる前、中山は浦添を拠点としていた。ところが尚巴志は浦添から離れ、首里にその王城、首里城を構えた。首里は浦添に比べ、中国と貿易をする上で、那覇港までのアクセスがよかったことが一因だと思われる（牧港では手狭であった）。１４２７年には首里城の近くに龍潭《りゅうたん》池という中国風の人口池を造園しているが、ここは中国から来た冊封使を「おもてなし」するための場であった。琉球王国は成立当初から中国との外交関係を意識していた。

中国との貿易について述べる前に、当時の国際情勢を足早にまとめておく。14世紀の日本は、足利尊氏や後醍醐天皇が室町幕府を開いた時期だ。その後一時分裂するが、足利義満が再び統一する。足利義満は中国から「日本国王」の冊封を受け、１４０４年から勘合貿易という対中貿易に乗り出す。しかし、義満が急死した後、勘合貿易は１４１１年にいったん停止する。室町時代初期には、瀬戸内海から北九州を拠点にしていた海賊、倭寇（前期倭寇）が、中国や朝鮮の沿岸を荒らし回っていた。ただし倭寇を単なる日本の海賊というと語弊があり、後に中国や朝鮮の人も交えて貿易や漁業や海運を（非合法的に）担う集団へと変わっていった。

一方14世紀の中国では、朱元璋が元を駆逐し、明《みん》を建国した（中国全土を統一するのは建国からしばらく経ってからである）。明は中国の歴史上では珍しく、反グローバル化とも言うべき方針を採った王朝だ。中国は海を閉ざし、冊封関係のある国を除き入国を認めなかった。海禁には、倭寇が暴れている中国沿海部の治安を維持する目的があった。倭寇には手を焼いたようで、足利義満と冊封関係を結ぶおりに、義満に倭寇を鎮圧するよう求めている。明の海禁政策は単なる海賊対策にとどまらず、民間の貿易を取り締まっていた。貿易は政府が管理した。当時の貿易は、民間企業が主となって

コラム 首里城

２０１９年10月31日は、県民にとって、忘れられない日となった。首里城正殿など「沖縄の象徴」が一夜にして崩れ落ちたからだ。首里城は14世紀半ばから後半に築城されたと考えられており、古くは政治、外交、文化の中心であり、国王の居城だった。１８７９年に最後の国王である尚泰が明治政府に明け渡すまで、約４５０年間にわたり栄えた琉球王国の象徴でもあった。その首里城を失ってしまったのだ。

首里城は、２０００年に九州・沖縄サミットで、主要８カ国の首脳らを招いた夕食会が開かれ、沖縄のシンボルとして世界にも発信された。観光立県沖縄にとっては、貴重な、一大観光資源。特に、年間40万人超が訪れる修学旅行生にとっては沖縄の歴史、文化を学ぶ入り口でもあった。

県は首里城公園のうち、正殿など県が管理する城郭内の２０１９年度事業収支が、２億９９９１万円の赤字だったと発表した。首里城火災から３月末まで臨時休館が続き、入場料や売店収入が大幅に落ち込んだことが要因と見られている。首里城の火災は、モノレールの乗降客数の減少、観光客の減少による周辺地域事業者の経営悪化など県経済全体へ波及した。

県によると、県の首里城火災復旧・復興支援の各種窓口に寄せられた寄付は、５１１３件、金額にして33億１０６２万３４２４円（２０２０年10月20日時点）。国内外から寄せられた思いを紡ぎ再建へ。首里城の新たな歴史が刻まれようとしている。

首里城公園が開園し、正殿を背にテープカットする関係者ら。県民が待ち望んだ首里城公園が開園した=1992年11月2日

行う現代の貿易とは大きく異なったものであることに注意したい。

尚巴志が沖縄を統一する以前から、沖縄の豪族（按司《あじ》）たちは国際貿易に携わっていた。沖縄の出土遺物を見ると、11世紀頃から、夜光貝（螺鈿工芸の原材料であり、日宋貿易で重宝された）やカムィ焼き（徳之島で生産していた）を奄美や本土と取引していたようである。その他、陶磁器も流通しており、中国や朝鮮など東アジアの経済圏とつながりを持っていた。按司たちは国際貿易を通じて台頭した、とも考えられる。県内では生産できない鉄を輸入することで、農業の生産性を高めて発達した集落が、按司のような軍事力を持った領主を必要とした。

按司の時代（グスク時代と呼ばれる）における貿易は、明王朝による朝貢貿易で一変する。

冊封体制の下での国際貿易

三山が統一される前、建国したばかりの明は1372年に琉球に使者を送り入貢するよう促した。これを受け中山王の察度《さっと》は弟を遣わし、中国との朝貢関係を樹立した。このとき初めて沖縄は他国と外交関係を結んだことになる。数年後に山南、山北も朝貢を始めた。その後中山の王となった尚巴志やそれ以後の琉球王国も、中国との朝貢関係を引き継いだ。

中国と結んだ外交関係、冊封関係は、対等で平等なものではなかった。皇帝率いる中国が文明の最先端を行く先進国であり、皇帝のスゴさを慕った沖縄は喜んで部下となる、といった形であった。こうした朝貢体制の下、沖縄は属国の証として、貢ぎ物を船で定期的に中国に持っていった（進貢、朝貢）。宗主国である中国は中山王を琉球の国王として認め中国を中心とした国際政治秩序の中に公式に位置づけ、相互に侵略しないという意味で安全を保障した。中国は、琉球王国が代替わりするごとに冊封使という使いを派遣し（沖縄はあらかじめ福建にお迎えを出しておく）、新しい国王として任じた（冊封）。なお、中国は、沖縄だけでなく、朝鮮やベトナムやタイなどとも冊封関係を築いていた。後に王朝が明から清に代わっても、冊封体制は継続した。沖縄と中国の冊封関係は１８６６年まで４７０年の長きにわたって続いた。

沖縄は中国の武力に従属し、一方的に富を搾取された、というわけではない。むしろ周知のように、冊封体制のもとで国際貿易により「繁栄」がもたらされる、大交易時代が到来した。「繁栄」にかっこをつけた意味は次節で明らかにする。

沖縄の貿易は、公的な貿易という特徴と、中継《なかつぎ》貿易という特徴を持っていた。

進貢や冊封は外交儀礼でありながら、国際貿易取引の場でもあった。船には外交官や貢ぎ物以外にも、商人と貿易用の財貨を載せていた。外交に便乗して貿易を行っていたのである。船には民間商人が潜り込み私貿易もしていたが、王国自身がイニシアティブを取って公貿易（官営貿易）を行っていた。現代で言えば、県知事の命令で県職員が貿易をしているという、奇妙な光景である。

中継貿易は、沖縄は貿易を仲介する商社のような役割だったという意味だ。沖縄県産品を輸出し、中国で生産された財を輸入する、という単純な二国間貿易ではなかった。日本や朝鮮や東南アジアの物産を仕入れ、那覇で船に積み、中国で販売する、あるいは福建で中国の物産を仕入れ、他のアジア諸国に販売する、という役割を沖縄は果たしていた。実際、船には沖縄では生産されていないもの、たとえば日本刀や陶磁器、酒器や扇のような工業製品、漢方薬（樹脂や香木、サイの角など）、象牙、錫、胡椒なども載っていた。多くは、富裕層向けの奢侈品と言える。沖縄の市場圏はベトナムやタイを超え、マラッカ海峡あたりまでカバーしていた。

なお、日本や朝鮮方面のルートまで沖縄が牛耳っていたわけではなく、博多や坊津、兵庫、堺などの日本商人も参画していた。『那覇市史』では、薩摩の船頭・水夫に沖縄・日本ルートを独占されていたことが、那覇に商人が育たず町人文化が花開くことがなかった原因であると指摘されている。ただしこの指摘は検証が不十分であるように思われる。取引相手が独占力を持つことそのものは、新参企業にとって参入障壁とは言えないためだ。また、独占されたため商人が生まれなかったのでなく、商人が生まれなかったから独占された、という逆方向の因果関係を排除することができていない。さらに、貿易商が生まれない要因として、遠洋航海するための船舶や技術を調達するための金融市場・労働市場が未成熟だった、生産能力が低く貿易財を国内生産できなかった、貿易を始める費用が大きく規模の経済が働くため首里王府による公貿易が民間商人の登場を抑制した（クラウディング・アウト）、首里王府が独占の利益を守るため民間の参入を意図的に阻止した、商取引を履行させる公式・非公式の仕組みがなかったなど、他の可能性はないだろうか。

当時の国際貿易が、現代の国際貿易とは違っている点をあと二つ指摘しておきたい。一つは、航海には大きなリスクが伴ったことである。難破したり倭寇に襲われたりすることも珍しくなく、そうしたリスクをヘッジ（回避）するための保険市場が発達していたような形跡もない。

もう一つは、売買を安心して行うことは現代よりもずっと難しかったことである（真栄平2003）。目の届かない遠隔地と大金をやりとりする際には、金銭トラブルが発生しやすい。商品は引き渡さずお金だけくすねて失踪する輩がいても、逮捕する力もなければそれを裁く法も整っていなかった。現代に比べて、売買を当たり前に完了させること、堅苦しく言えば「契約を履行させる」ために必要なもの、たとえば法制度や社会規範、国際的な協力体制、取引先とコミュニケーションを取るための交通・通信技術などが十分ではなかった。もちろん現代でも、外国との取引は国内取引に比べトラブルが発生しやすいものの、当時はより対処困難な問題であった。

中継貿易の影響

国際貿易が経済を潤し我々の生活水準を豊かなものにすることを、貿易の利益と呼ぶ。貿易の利益はいくつかのメカニズムから発生する。たとえば生産資源の再配分、資本蓄積や技術開発の促進、生産拡大に伴う規模の経済、消費者の選択肢の増加、技術や知識の波及、既存の歪みの緩和などだ。こうしたメカニズムから、貿易をせず自給自足をしているときには実現できなかったような水準の、豊かな消費生活を送る余地が発生する。また、貿易の利益は、輸出国だけでなく輸入国にも発生する。

さて、沖縄は貿易の利益を享受し、「繁栄」したのだろうか。

貿易の利益は誤解されやすいため、注意点をいくつか挙げる。貿易の利益は、輸出を通じて金銀財貨がジャラジャラ貯まる、というパチンコの大当たりのようなイメージではない。たとえ貿易赤字でお金が流出したとしても、貿易の利益は発生するものだ。また、貿易の利益は、すべての県民が無条件で享受できるものとも限らない。それどころか輸入品と競合する産業や企業が、国際競争の土俵に立たされ縮小や廃業を余儀なくされることは珍しくない。そして、「貿易」といっても、沖縄は自国で工業製品を生産し輸出していたというわけではなく、外国で生み出された財を別の外国に運ぶ、商社のような存在であった。貿易の仲介を行うことそのものは、貿易利益のうまみを総取りすることを保証しないし、旺盛な労働需要を生み出し広く県民に雇用機会と所得を与えるものでもない。

沖縄の朝貢貿易を考える際には、教科書的な貿易の利益をそのまま当てはめてはいけない。琉球王国は貿易で栄えたとよく言われるものの（たとえば安里　2018）、筆者は、それは実態と合わないと考えている。沖縄の大交易時代を綴った高良（1980）は、手がかりが少ないながらも、民衆は貧しい暮らしをする被支配階級であったと指摘している。たとえ貿易を取り仕切る商社（王国）がミクロ・レベルで「繁栄」したからといって、「国家」としてマクロ・レベルで発展したとは言えない。広く民衆を潤すには、県民の生活をあまねく改善する公共財、たとえば教育や公衆衛生などを供給したり、社会保障制度のように貧困者を救済する仕組みや貧困に陥らないための仕組みを整えたりする必要がある。国王は選挙で選ばれるわけでもなく、貿易で得た利益を民衆に還元する動機は乏しかった。

沖縄が（少なくとも首里王府が）中継貿易から利益を得たとして、それは二つの要因が考えられる。一つは、貿易仲介機能を独占したことである。中国の海禁政策により私貿易を禁じられた中国の生産者やその貿易相手国は、冊封関係に組み入れられている沖縄以外に流通チャネルを持たなかった（中朝ルートは別として）。たとえば中国と日本の間で貿易を行うと貿易の利益が生まれるとして、この利益は沖縄が間を取り持たなければ発生しなかったものである。沖縄はこうした利益を吸い取る上で優越的な立場にいた。特に、沖縄がその優越的地位を利用して利ざやをかすめ取ろうとすればするほど、日中間の貿易そのものが儲かりにくくなった分縮小してしまい、仲介機能が競争的に行われている場合に比べ貿易の利益も小さくなってしまう。沖縄が貿易仲介を独占するうまみをかすめ取っている背後では、東アジアの国々が泣いているのである。

中国が琉球にそうした特権的地位を与えた一つの理由は、沖縄が硫黄や軍馬といった軍需物資を供給できたことにある。平和と命を尊ぶイメージに反するようであるが、当時の沖縄は武器商人としての顔を持っていた。建国当初、明はモンゴルの勢力と戦う必要が残っていた。琉球から進物として運ばれてきた硫黄を火薬とし、馬を軍馬（武田騎馬隊のような勇ましい姿よりも、兵糧物資を運ぶ姿を想像されたい）とした。

中継貿易が沖縄にもたらした利益のもう一つは、新しい技術や知識、情報の伝達である。平たく言うと、当時世界のフロンティアであった中国が持つ先端的な文明や文化、アイディアを、後進国の沖縄は模倣し、吸収できたのである。モノを作る技術、思想や文化、そして国家を統治する仕組みなど、現代にも残る無形の資産を学び取ることができた。

モノを作る技術には、これまでにない新しい財・サービスを生産できるようになるというプロダクト・イノベーションと、既存の財・サービスをより効率的に生産できるようになるというプロセス・イノベーションの2種類がある。前者の最たる例は、野国総管がサツマイモ（蕃薯）という新しい品種を中国から持ち帰り（当時は禁輸品であった）、県民の栄養状態を改善したことである。小麦を生産していない沖縄で沖縄そばやちんすこうのような小麦製品が伝統料理としてあるのは、中国から輸入した小麦が宮廷料理に使われたことから始まる。首里織や久米島紬のような工芸品も、中国からの影響を受けながら発展を遂げた。堂之比屋《どうのひや》という人物が中国から養蚕《ようさん》・機織《はたお》りの技術を持ち込み、久米島や慶良間諸島で絹織物産業が興ったとされる（吉武　1984）。後者、プロセス・イノベーションの最たる例は、儀間真常が製糖業を一変させたことだ。儀間は中国に人を派遣してサトウキビの栽培手法や製糖技術を学ばせ、それまで原始的な技術しか持たなかった沖縄に産業としての製糖を根付かせた。なお、儀間は野国が持ち込んだサツマイモを、生産手法を自ら改善しながら県に普及させたり、薩摩滞在中に綿産業の調査を行い沖縄に木綿産業を興したりしている。まさに沖縄産業の生みの親である。

国家を統治する仕組みについては、特に尚真の時代（在位1477〜1527年）に、沖縄は中世中国的な制度を部分的に受容した。尚真の時代、中国の宮殿のオマージュで首里城正殿に青石の欄干を作ったという（「百浦添欄干之銘」）。建築の意匠に限らず、中国を意識的に模倣せんとする姿勢がうかがえる。もとより王府にとって対中貿易が重要だったからである。尚真よりも前にも、尚巴志の軍師として活躍した懐機や、閩人《びんじん》三十六姓など、中国人が沖縄の政治・行政に建国以来深く携わっていた。

中国の知識を伝えた主なグループは、久米村（くにんだ）の閩人三十六姓に代表される、中国から移住した者、そして中国へ留学した者である。閩人三十六姓は、今の那覇市久米界隈に集住した中国人たちのことである。閩人三十六姓は、国際貿易に関する専門的知識を沖縄に供与していた。すなわち、文書の作成や通訳を請負（当時の共通語は中国語であった）、航海技術や国際情勢などに関する知識を提供した。琉球王国にとっては大交易時代に不可欠な「お雇い外国人」であったのだ。

最後に、貿易を通じて知識や技術が伝わってきたという点では現代にとって大きな遺産となっているものの、貿易による「繁栄」が長続きしなかったことも指摘しておきたい。前述の通り、沖縄は卸売機能について独占的地位を有していたことで「繁栄」していた。ところが16世紀には、独占が崩れたのである。ポルトガルやスペインの商人が東アジアに進出してきたこと、明が弱体化し海禁政策を厳しく履行できなくなり中国商人が参入したこと、日本商人も直接東南アジアに渡航し始めたことで、競争が始まった。沖縄は競争により淘汰され、それまでの利権を失った。また、国際貿易における決済手段として当時は銀が使われるようになっていたが、沖縄は銀を用意することができていなかった。そうして、薩摩が侵入する頃には久米村は廃れてしまっていた。東アジアの交易は日中欧の民間企業がリードしていくこととなる。

包摂的でない王国

前節の議論をまとめる。琉球王国のビジネス・モデルは、国際情勢（海賊対策のため中国鎖国）により生まれたスキマを利用し、「お雇い外国人」の力も借りながら、卸売業を独占して儲ける、というものだ。県民経済にとっては金銭的な損得以上に、知識や技術や文化という無形の資産を得たことが重要であった。

琉球王国のビジネス・モデルは、県民を広く巻き込む必要がないものであったように思われる。官僚や閩人三十六姓など、貿易に携わる一部のエリート層と、少しの水夫さえいれば成り立ちそうなものだ。こうした条件下では、権力者には非エリート層を育てるインセンティブ（誘因）が乏しい。広く県民の教育水準が高まって生産性が高まろうが、政府の中継貿易にはポジティブな影響を持たないのである。たとえばもし沖縄が地元産業を育て地元で生産したものを輸出する、輸出産業を伸ばすには働く人材に知識や技能や勤勉さ（こうしたスキルを総称して人的資本と呼ぶ）が必要…という状況であれば権力者は非エリート層に教育機会を与えようとしただろう。しかし実際にはそうした事情になく、貿易で栄えた時代の沖縄で大衆教育への投資は行われなかった。一方、士族の師弟や久米人のような一部のエリート層には、中国の国立大学（国士監）に留学し、学ぶチャンスがあった。このようにして、既得権益層と大衆には大きな断絶があった。平たく言えば、貧しい家に生まれても勉強をがんばれば成り上がるチャンスがある…という世の中ではなかったのである。久米人のようなエリートにとっては、知識を占有することでその特権的地位を持っているのだから、教育の普及には消極的であった。

もっとも、当時政府が幅広い教育を普及させ人的資本を高めようとしても、受け入れられなかったであろう。当時の親は、子供が四書五経を素読していようものなら、そんななんてわけのわからない机上の空論にうつつを抜かしているヒマがあったら家業を手伝え、と言ったはずだ（人類が児童労働を禁止するのは20世紀後半のことである）。教育はタダではなく、働いて稼ぐ時間を失う、というコストがかかる。寿命が短く小規模な家族経営中心の前近代的農業社会では、教育は費用対効果が悪いものだ。一般に、経済が発展するには教育が必要であるが、教育をする余裕を持つためには経済が発展していなければならない。不思議な言い方になるが、沖縄は経済発展するのに必要な経済発展を自ら遂げたわけではなかった。中国がそのお膳立てをしたわけでもなかった。

沖縄にはじめて学校ができたのは、程順則が久米に明倫堂を建てた1718年のことであるが、明倫堂は貿易や外交に携わるエリート人材育成用の学校であった。地方にまで学校（筆算稽古所）が設けられるのは幕末になってからである。本土で寺子屋のような初等教育が普及し始め、ユニバーサルにではないにせよ少しずつ教育水準が上昇するのは17世紀後半からであり、沖縄は1世紀遅れを取っている。

中国はもっと早い時期から、科挙という官僚登用試験をすでに持っていた。現代の公務員試験のようなもので、氏素性やコネとは関係なく（女性に受験資格がなく男女間の不平等はあったが）ペーパーテストで測られる認知能力が高い者がエリート官僚として出世することができた(特に宋王朝以降)。中国は曲がりなりにも身分制を脱し、実力主義の公平なキャリアパスを用意していた。沖縄が類似の「科試《こう》」という官僚採用試験を導入したのは、1760年になってからのことである。これは中国の科挙と異なり、下級士族向けの今で言う「ノンキャリア」向けの試験であった(水上2017)。教育は万人にチャンスを与えるものでなく、下級士族が成り上がるためのものにすぎなかったのだ。尚真が中国の制度を真似たのは首里城の欄干などあくまで部分的なものにとどまっており、社会階層の流動性を高め身分制を解体するには至らなかった。

琉球王国には、現代社会と異なり、多くの県民を巻き込むインクルーシブ(包摂的、内包的)な制度が未実装であった。一部の世襲エリートが温々と権力の座に座り続け、少なくとも薩摩の侵入まではその座を脅かす者もなかった。

世襲エリートによる統治を正当化するものは、「天」より授かったという宗教的ストーリー(聞得大君を頂点とした女神官組織がそれを支えた)であった。王権神授説である。ただし純粋に宗教的国家というわけではなく、冊封体制のもとで、明王朝が国王と認めた、という対外的な正当性の担保も併せて持っていた。投票という民主的な行為を通じて政府を選ぶという参政権を沖縄県民が得、県民のために政治が行われるような制度が根付くのは、明治時代に入ってしばらく経ってからである。

まとめると、琉球王国時代には、民衆の声を政治に反映させる理由もなければ、初等教育のようにボトムアップを図る政策が実行される理由もなかった。薩摩侵入や廃藩置県以後、日本的制度を受容してもなお現代に至るまで本土にキャッチ・アップできていない遠因は、琉球王国が県民を広く利せずとも利益を享受できる立場にあったことにあるのではないだろうか。

3　日中両属時代へ

薩摩侵入

17世紀、本土が江戸時代という長い平和な時期にさしかかろうとした頃、沖縄にとって大きな政治的転換点が訪れた。１６０９年に鹿児島（薩摩藩）が首里城を制圧し、沖縄は鹿児島、およびその背後にある徳川幕府と従属関係を結んだのである。この時代の外交関係は「日中両属」と言われることがある。日本にも中国にも属国として仕え二重に朝貢していた、というわけだ。鹿児島は、実際は自分が支配しているが表面的には中国の支配下にあるよう偽装し、冊封関係を継続させたのである。薩摩侵入はそれまでと王国のあり方が大きく変わる転換点だ。

王国の財政事情と日本化

薩摩侵入を受け、沖縄は江戸幕府・薩摩藩の属国として、税（年貢。仕上世《しのぼせ》と呼ばれた）を納めることになった。なお、年貢は沖縄政府が県民から徴税し、鹿児島を介して納めることになる。国が徴税し地方交付税などを通じて国から地方へ財政移転する今日とは対照的に、江戸時代は地方から国へと財政移転がなされていたのである。

年貢は貨幣ではなく米で納めていた（石高制《こくだかせい》）（一方中国では銀による納税を始めていた）。ところが、沖縄の地質はサンゴ礁由来の石灰岩が多く、雨は溜まらず、稲作に向いていない土壌である。生産性の低い稲作に、納税の都合で力を割くこととなったことは、沖縄の発展にとって重荷となった。なお、19世紀には「貢糖」といって、米による納税の一部を砂糖で代替することとなる。

江戸期の琉球王府にとっての懸念材料は、財政赤字であった。薩摩・江戸幕府への年貢や江戸への使節派遣もさることながら、中国への朝貢も負担になっていた。中継貿易はすでに採算に合わなくなっていた上、儲けたところで一部は薩摩に吸い取られるとなると苦しい。農村は総じて貧しく、税収は不十分であった。首里城は薩摩支配期に二度も火災に遭い、その再建もまた財政を圧迫した。残念ながら廃藩置県まで沖縄は慢性的な財政赤字を解消することができずに終わる。借金ならぬ「借銀」を薩摩藩に負い、それが累積した。薩摩藩への年貢が支払えず、納付を遅らせるよう陳情することもあった。

薩摩支配期の沖縄では、羽地朝秀と蔡温という2人の政治家による構造改革が行われる。彼らの問題意識の中心にも財政赤字があったようで、財政収支の改善に苦心している。他府県でも、藩政改革と呼ばれる行財政改革を通じて財政赤字を改善した藩主や家老らが名物政治家として歴史に名を残していることに似ている。財政赤字がこうした改革派の政治家の台頭を要した側面もあろう。

薩摩支配期は、薩摩の管理や羽地らの改革を通じて、それまで中国的であった沖縄が、日本的な統治に接近した時代である。羽地の場合、薩摩侵入以後、士族のモラルが低下していたことを懸念しており、沖縄と日本の心理的な溝を埋めるように、日本側に積極的に近づいていった（羽地は日本と沖縄は同じ先祖、という説を唱えるに至る）。沖縄の「近世」への移行プロセスはいわば「日本化」に舵を切ることであった。

羽地の改革案は，本土でも行われたことが多く見られる。たとえば、羽地は緊縮財政路線を取り、質素倹約を求めた。現代の日常感覚では不思議なものだが、結婚式であっても贅沢するな、というお触れも出している（田里 1991）。徳川家康が、豊臣秀吉のような派手なアピールを避け、質素倹約の美徳を説いたことが思い起こされる。そして江戸時代に諸藩が様々な塩や紙などの専売を始め財源に充てたように、沖縄は黒砂糖やウコンを専売にした。里井（2001）は、売上高利益率を黒砂糖は24%、ウコンは32%程度だと概算している。

鹿児島と交流する機会が増えたこともあり、羽地は茶道や生け花や和歌のような日本文化を教養として学ぶことを士族に推奨する。現代で言えば、官僚に「西部劇を観てカントリー・ミュージックを聞いてアメリカの精神を学べ！」と命じるようなものだろうか。どうにも的外れな歩み寄り方である。一種の踏み絵のようなもので、中国への未練を捨てて日本化する覚悟のある者だけを出世させ、未練タラタラの反乱分子をあぶり出すための仕掛けだったのではないだろうか。

こうした示唆的な例からも沖縄が日本に近づいていったことがうかがえるが、税制の面で日本化していくことに注目したい。すなわち石高制と村請制である。鹿児島は侵入後に沖縄で検地を行って課税ベースを評価し、沖縄の石高を8万9086石と定めた（人口調査もしている）。課税対象である沖縄の地では、これだけの米が生産できるはず、とざっくり見積もられたわけだ。この評価額（石高）を基に、上納する税額が決まるのである。石高制は、形式的には労働や資本や土地といったインプットではなく、米というアウトプット、それも実績値でなく期待値、を統治のフレームにする（珍しい）税制であった。

村請制は個人単位ではなく村（間切）単位で年貢が課税され、村全体で連帯して納税の責任を負う租税制度である。現代では、税を負担するのはおしなべて個人である。しかし前近代では、共同体単位で課税されたのであった。個人は社会の歯車さながらの、共同体の一部と捉えられていた。村請制という租税制度が導入されたことで、沖縄における人間関係のあり方は、血縁（宗族《そうぞく》）という紐帯《ちゅうたい》を重視する中国的なものから離れ、村で培われる地縁を重視する日本的なものへと近づいた。

石高制は、本土では検地、特に豊臣秀吉の太閤検地を経て成立していった制度である。太閤検地を通じて、大名と特定の土地との結びつきは絶たれ、近世日本の武家社会は石高というサラリー（俸禄）をベースにした人事制度になる。また、太閤検地を通じて土地の区画が決まり、土地所有権が整理され、農民が自立できるきっかけになった。

沖縄には鹿児島が検地を行い、石高制を持ち込んだ。しかし本土の検地とは異なり、沖縄に土地所有権が根付くきっかけにはならなかったとされる（たとえば山本１９９９）。保有している土地が時折変更される（地割制）ため、生産性が低く個人の担税能力が低いために村で団結しなければ納税できなかったためと言われている。鹿児島の支配下で日本的制度に近づいていったといっても、実質的に日本化し他府県と同じ条件に並んだわけではない。沖縄は土地所有権が未成熟なまま明治維新を迎えることになる。

もう一つ沖縄が制度的に日本に近づいていったものとして、身分制度がある。江戸時代の日本に士族（武士）とその他百姓（と賤民）との区別があったように、沖縄でも17世紀後半から士族と百姓の区別が制度的に明確化されるようになった。百姓が農耕を営み年貢を納める一方、沖縄の士族（さむれー）は主に首里や那覇に居住し、納税の義務を負わなかった。士族は明治維新後に、制度改革に反対する一種の利権グループとして再登場する。

勘の鋭い読者は、そもそも戦国時代という乱世に巻き込まれなかった沖縄に「武士」や「侍」がいたのだろうか、と疑問に思ったに違いない。たしかに沖縄には武士もいなければ、石山本願寺のように武装した宗教勢力がいたわけでもない。沖縄の士族は、主君のために軍事的奉仕を行う戦闘員や彼らを束ねる領主というより、官僚を想像してもらいたい。

士族と百姓の区別は、家系図（家譜）を持つかどうかによる。家系図を持つ者が士族として、フォーマルに身分が保障された。現代のように個人が個人として尊重されるわけでなく、門中《むんちゅー》（親族一門）の一員としてみなされるのである。能力というより血統、特に長男であることが出世する上で重視される社会であり、能力を磨くインセンティブが沸かないのも無理はない。

一方家系図のない百姓には、血縁でなく村落コミュニティという地縁で人間関係ができあがる。ムラではユイマール（本土で言う結）や模合《もあい》（本土で言う頼母子講・無尽）といった、血縁を超えた相互扶助的仕組みがあった。

土地制度

近世沖縄の土地制度と課税制度については、古くから歴史学者や経済学者、農学者たちの関心を集めてきた。沖縄の制度は本土のものとは異なっており、また明治時代初期に本土の土地・課税制度が改革された（地租改正）にも関わらず、沖縄の制度はしばらく古いまま温存された（旧慣存置）ためである。ここで、冒頭で指摘した、沖縄が経済発展に出遅れた事実を思い出してもらいたい。旧慣存置は、沖縄が資本主義経済へ移行するのを遅らせ、経済発展の出発を遅らせた、言い換えれば現代に続く貧しさの主犯と目されてきた。旧慣存置とその評価については後述するとして、ここでは旧慣、すなわち近世沖縄の土地・課税制度について概略を説明しておく。

土地制度の要となるものは、地割《じわり》制である。耕作する土地を割り当てる、ので「地割」だ。地割制の特徴は三つある。一つは土地を集団的に所有していたこと、一つは村の中で割り当てられる土地が、定期的にシャッフルされることである（頻度はまちまちで、毎年やる村も、30年以上やらない村もあった）。もう一つは、個人に居住移転の自由がなかったことである。

農耕に使う土地は、個人や世帯単位ではなく、村単位で所有し共同管理していた。現代の資本主義社会と異なり、私的財産権、つまり個人が土地を所有することは当たり前ではなかったのである。耕している土地が数年おきに交代することは、農民には土地を耕作する権利だけが認められており、土地を所有し自由に処分する権利は認められなかったということである。土地を所有していないので、土地を売り払ったり誰かに貸したりすることはできない。土地を担保に資金調達することはもちろんできないし、新天地に引っ越しをすることもできない。農民はたとえ劣悪な土地であってもそこに縛られ続け、生産性の低い農業を営み続けなければならなくなる。あるいは逆に肥沃な土地を耕作能力・意欲の低い農民が占め続けることもあるだろう。土地の所有権が明確でないので、がんばって耕したはずの土地をいつの間にか誰か別の人に奪われてしまうこともあっただろう。このような制度的歪みは、農業を中心とした時代においては、経済全体の足を強く引っ張るものとなっていたと思われる。

人口動態

江戸時代は全国的に人口増加を経験した時代であった。沖縄もこの時期急激な人口増加を経験する。薩摩が侵入した頃に10万人程度だった人口が、約１００年で１・７倍程度に増加している（高良１９８９）。

人口増加と言っても、沖縄全土で均等に増えたわけではない。首里・那覇エリアは100年間で約2・4倍と、比例的以上に人口が増加している。都市が形成され始めたのである。なお、ここでの都市は、「アジール」のような意味ではなく、農村と異なり、人が集まり商工業を営む場の意味である。都市では多様な職業が生まれ、市場経済ならではの分業と特化がなされるようになる。

那覇では、馬市街(まちや)と呼ばれるバザールが形成される。そこでは主に女性が売り手となり、露天で食品や日用雑貨をひさいでいた。農業の生産性が高まり、農民が自給自足する分と納税する分以上の財・サービスを生産し取引できるようになったのである。「商人」という身分があったわけではなく、士族の女性の中にも商売を手がける者がいた。

17世紀の人口増加は、出生率の増加と死亡率の低下の2つが起こった帰結である。その背後には、農村の生活が改善し、農民の多くが所帯を持てるようになったこと、儀間真常の広めたサツマイモが栄養状態を改善したことが考えられる。羽地朝秀の時代に開墾や治水が進んだことも人口増加に寄与したと考えられるが、開墾したおかげで人が増えたのか、人が増えたおかげで開墾をしたのか、因果関係を突き止めるのは難しい。

18世紀後半になると人口動態は一変し、停滞する。島嶼部にいたっては、津波や飢饉、疫病に見舞われ、深刻な人口減少を経験した。18世紀は本土や朝鮮もまた人口停滞期であった。実はこの時期、日本のみならずヨーロッパも、小氷期であった。寒冷な気候で、稲作がうまくいかず、たびたび飢饉が起こった。

人口が伸び悩むのは、気候変動の気まぐれだけが原因ではない。18世紀後半にトマス・マルサスというイギリスの経済学者は、次のような理論を提案した。人口はねずみ算式(指数関数的)に増えるが、農地や農業生産性はそのように急増することができない。限られた土地を多くの労働力で使用すると、労働の生産性は低くなる。生産性が低いと所得も低くなり、いずれ生活を維持することもできなくなる。食（と職）に困るようになると、人口がねずみ算式に増えていくことはできなくなり、口減らしや堕胎・間引き、戦争などで人口を減らすことになる。結局人口は、最低限の生活が維持できるような水準で停滞（均衡）することになる。

こうした陰鬱な状況は「マルサスの罠」と呼ばれる。ただし、皮肉なことに、マルサスが『人口論』を出版した頃、イギリスでは産業革命がスタートし、マルサスの予言は外れた。しかし、沖縄に産業革命が到来するのは明治維新を待たねばならず、琉球王国時代の間、沖縄はマルサスの罠から抜け出すことができなかった。明治時代に入ってもしばらくは、沖縄の農業は一人あたり耕作地面積の小さい、労働生産性の低い零細経営が続く。

マルサスのロジックは、税負担の重さや国際貿易の有無、土地の所有権制度とは関係がないことにも注意したい。ちまたでは、鹿児島の重税で沖縄の富が搾取され、疲弊した、といった先走った議論を見かけることもあるが、たとえ税負担がなかったとしてもそれ自体ではマルサスの罠から抜け出すことはできず、人口増加を抑制する仕掛けがなければ、結局一人あたり（税引き後）所得は向上せず農村は疲弊したのではないだろうか。豊かになっても人口が増えて貧しくなるからである。

そうは言っても、鹿児島の収奪が無害だったとは考えられない。とことん搾り取った税が沖縄の生産能力を高めるように投資されたわけではなかったからだ。交通インフラや教育や医療などに投資した形跡がない（選挙のようにそれらを要求する仕組みは不在だった）し、産業構造は原始的なままであった。この点で、オランダが植民地のインドネシアで、収奪できる資源を増やすべくサトウキビ生産能力を高めた（Cultuurstelsel）ことが、その後の経済発展につながったこと（Dell and Olken 2020）とは対照的である。

近世の貿易構造

薩摩侵入後、沖縄の貿易構造はそれまでと大きく違ったものとなる。16世紀後半から17世紀初頭にかけて、中国やインドに、新大陸や日本で産出した銀が大量になだれ込んだことは世界史でよく知られる話である。中国には世界中の銀をブラックホールのごとく飲み込むだけの、旺盛な生産能力があったのだ。石見銀山で採れた日本の銀は対馬や長崎を経由して中国に向かった（銀がなくなってくると銅や海産物を日本から輸出することになる）が、沖縄も朝貢貿易を通じて銀を中国に運んでいた。沖縄も銀の大行進の一翼を担っていたのである。

沖縄は銀を輸出する代わりに、生糸や絹織物を輸入していた。絹織物は、かつては中国やインドでしか生産できない、世界中で人気のハイテク工業製品であった。

ちなみに、日本で銀が枯渇してくると絹織物を輸入することも難しくなる。日本では、輸入できないなら自前で生産してしまえと、長野や群馬で絹織物産業が勃興する。輸入代替型の工業化が起こったのである。沖縄でも、中国から絹織物の技術を学び取り、織物の中心地であった久米島に技術を持ち込んだようである。

こうした工業技術受容の努力はあったものの、沖縄産の輸出品は、黒砂糖（とウコン）が主であった。中継貿易を主としていた中世と異なり、近世は砂糖という国産品を輸出できるようになっていたのである（しかし、より高価な白砂糖を生産する技術には達しなかった）。ただし砂糖の生産は民間の力のみで自生したものではなく、王国が積極的に介入した国策産業であった。財政難に悩む王国には、外貨を稼げる商品作物を独占し利益を得るインセンティブがあった。１６４６年に砂糖の専売が始まり、１６６２年には農林水産省ならぬ砂糖奉行ができる。

沖縄の砂糖は、鹿児島を経由して、天下の台所こと大阪に出荷されていた。鹿児島は沖縄に対して買手独占の立場にあり、沖縄は20世紀初等頃までマージンを吸い取られることとなる（澁谷２００８）。

4　琉球処分と近代化

19世紀後半に日本は明治維新を迎える。琉球王国は１８７９年に沖縄県となり（琉球処分）、４００年余の歴史を終えた（この際王国が苦しんだ鹿児島に対する債務は帳消しになった）。沖縄は日本の一部として国民国家に編入され、近代化していくプロセスを歩み始める。

旧慣存置の影響

沖縄は他府県のように明治維新後の制度改革がスタートしたわけではない。急な改革は、旧エリート（尚家や士族）の反発が予想され、対中外交戦略としても危うかったからである。実際、中国に寝返り琉球王国を復活させようとする士族もいたようだ。政治的な支持基盤を県内に持たない明治政府には、大胆な改革は難しかったのである。そもそも、文字が読めず日本の言葉が通じない人が多く、日本の法体系をただちに持ち込むのは難しい。沖縄に近代的な制度改革を持ち込まず、近世の制度・慣習を残すことにしたことを、旧慣存置（旧慣温存、旧慣存続）と呼んでいる。

温存された「旧慣」とは、琉球王国時代の仕組みのことだ。土地制度（特に地割制）、租税制度（特に砂糖への統制、先島では人頭税）、上級士族の給与システム（家禄）、村（当時は間切）の統治機構、村落共同体内部の不文の慣行（内法）など、さまざまだ。単にそれまで通り、ではなく、村役人の不正が相次ぎ、役人と村民の利害対立が悪化したという（平良２０１１）。

沖縄が日本の近代的な制度を受容するのは、日清戦争が終結してからになる。土地整理事業（沖縄版の地租改正）で地割制が廃止され、近代的な私的財産権が確立し、土地の売買も自由化された。地租改正で村単位での納税から家族・企業単位への納税へと変わった。国政選挙への参加は、謝花昇らの参政権獲得運動を経て、他府県より23年遅れてスタートした。当初沖縄は免除されていた徴兵制もスタートする。旧慣存置期は、身分制や村落共同体に縛られた封建的な自給自足経済から、自由な諸個人の契約を基にする資本主義経済への移行過程であったと言える。

旧慣を踏襲するデメリットは次のように議論されてきた。土地を私有していないと土地改良へのインセンティブが乏しく農業の生産性が向上しない、尚家ら旧エリートの既得権を維持しそれまでの封建的な搾取・収奪体系を固定化させた、閉鎖的な村落共同体から脱皮できず自給自足的な発展段階に押しとどめられた、全国経済圏から孤立し近代化への道を阻まれた、などだ（たとえば『沖縄県史』）。

アリストテレスが「人は私有するものを一番大切にする」と説いたように、土地を所有し誰かが勝手に取り上げることができない状況ではじめて、人は土地を豊かにする投資と努力を行えるものである。私的財産権の確立は、資本主義社会を構成する重要な一要素だ。加えて、旧慣のもとで居住・移転の自由、ひいては職業選択の自由がないと、生産性の低い土地に生産性の高い人が縛られるようなミスマッチを解消することが難しくなる。農地を売却できるようにして農民を土地の縛りから切り離し、賃金をもらって工場で働く労働者へと転換することも、資本主義経済が成立する基礎的な条件だ。

しかし、旧慣を単なる非効率な前近代的制度とみなすのはまだ早い。昔の制度は、たとえ現代的な視点から非効率的なものに見えたとしても、当時の環境と文脈においては合理性のある選択の結果である可能性があるからだ。そうした状況を打破してもかえって悪化することすらある。沖縄がもし旧慣を廃そうとしてもそれは政治的・経済的理由で無理な相談だったかもしれないし、無理に改革してもその反動で沖縄の経済発展はむしろ阻害された、という可能性さえある。ビジネスにたとえると、アップルやグーグルといったアメリカの有名企業の経営を見よう見まねでなぞってもかえってうまくいかないようなものである。

地割制にも、近世社会においてはそれなりの合理性がある制度だった。むしろ合理性があればこそ、蔡温が廃止しようとしてなお近世において長く根付いたと考えるのが自然であろう（ちなみに東南アジアにも類似の制度が存在した）。地割制が持つ便益は、土地の配分をシャッフルすることで、農村内の所得格差を抑制できることだ。共同体レベルでの所有権を設定することで、共同体を維持することもメリットだ（山本　１９９９）。農業は季節によって仕事が増えたり減ったりするし、台風や水害で産出量が左右されるリスクがある。こうしたリスクを個人で引き受けることは厳しく、村で協力しリスクを分散することが必要なのである。さらに、土地を私的所有することは、その土地を個人が独占することでもある。土地の共同所有は、独占の弊害（アンチコモンズの悲劇）を抑止し、土地の効率的な利用を促す効果も期待される。村請制は、逃散や怠惰などにより村の一部で収量が落ちると、村全体で税負担が重くなる連帯責任制だ。村単位での所有と納税は、リスク共有の仕掛けと考えることができるし、共同体内の問題を共同体レベルで解決しようとするインセンティブを与える仕組みとも考えることができる。自由な移動を許さないことで、長期的な、閉じた小規模の人間関係を作り、コモンズの悲劇のような地域共通の課題に協調して対処しやすくする便益もある。こうした便益は、法制度や金融市場が未発達な社会では重要なものだ。

このように、旧慣が悪い経済的帰結を生み出した、と早合点する前に、旧慣自体が当時の経済的状況や他の制度との兼ね合いによって生み出された、という他の因果関係も検討しなければならない。また、制度や慣習がどのように発展を阻害するのか、メカニズムを具体的に解明することも不可欠だ。旧慣がどの程度沖縄の発展の足を引っ張ったのかは、現時点では学術的には未解決の問題だと思われる。冒頭で見たように、沖縄の経済成長は日本に約10年遅れており、旧慣存置により他府県より制度改革が20年程度遅れたことはその原因として有力候補になるだろう。しかし、明治維新時点ですでに沖縄は貧しく、旧慣存置のみに近代化の遅れ、ひいては現代の貧しさの原因を求めることは難しいだろう。

旧慣存置において、重たい税負担が続いたことも悪影響の一つとして挙げられてきた。『沖縄県史』では明治政府が税収を確保しようとして重税が続いたことが強調されている（西里　1972）。これに対し、安良城（1980）は、明治政府はむしろ沖縄に支払い超過であったと指摘し、論争を巻き起こした。私見では、税負担が重かったとして、それは旧エリート層に平和裡に特権的地位から退いてもらうための補償(潤沢な金禄の支給)が必要だったことを意味していると考えている。事実、税収の3分の1から3分の2程度は金禄支給に充てられていた。重税は、既存の統治機構と身分制度を解体するための必要経費であったのではないだろうか。また、もし日本が沖縄を搾取するつもりであれば、日清戦争後台湾に対して行ったように、搾取できる富を増やすように沖縄の経済発展のためにインフラ投資など多くの努力を払っていたのではないだろうか。

近代の教育と糖業

旧慣存置は、すべて今まで通りという意味ではなく、少しずつ日本化・近代化は進展していた。教育はその一つで、王国時代の儒教教育は廃止され、旧士族層を中心に初等教育が始まる。沖縄の初等教育への就学率は、1880年代前半に3%程度だったものが88年には8%程度へ上昇する(赤嶺2003)。ただし当時他府県の就学率は40%程度であり、沖縄が全国との差を埋めるにはほど遠かった。教えられる人員も学校設備も教科書も沖縄は持っていなかった。一方本土では、1872年に「必ず邑《むら》に不学の戸なく家に不学の人なからしめん事を期す(学制)」と、教育の普及へのコミットメントを明らかにしていた。

もう一つ、旧慣を温存しなかったものは、産業振興政策である。こと製糖業の振興に様々な努力が払われた。王国時代にサトウキビの生産は抑制されていた(独占力を行使して大阪の砂糖価格をつり上げるためとも、食糧自給のためとも言われる)が、その制限は解かれた。借金苦にあえぐ零細農民(現代で言うペイデイ・ローンのように、収穫予定の砂糖を担保に本土の商人から高利で借金をする者が多くいた）へ無利子で資金貸出、租税の金納化、砂糖買入価格の引き上げなど、農家への支援策が実施される。明治から大正にかけて、サトウキビ産業では、物的資本が増強され（鉄製の圧搾機導入、機械式の製糖工場設置、県外資本の参入）、新しい品種（大茎種）や製法（白砂糖）が導入され、生産が拡大していった。

サトウキビの生産は、亜熱帯という自然環境の利があり、また他に手頃な作物もなかったことから、沖縄にとって得意分野（比較優位）であった。サトウキビは当時ほぼ唯一の県外で販売できる輸出品であり、現代に至るまで沖縄農業の基幹作物である（他の輸出品としては、泡盛や、アダンの葉で作った帽子などがあった）。

サトウキビの生産に特化することはいい面と悪い面がある。プラス面では、得意分野に専念し生産効率を伸ばすことだ。さらにより長期的に見て、農業の発展はその後の工業化につながる、という考え方もある（たとえば発展段階説）。その日暮らしの貧しい状況にある農民が、最低限生存するのに必要な水準以上の所得を稼ぐ機会を得ることで、工業製品への需要や起業する余力が生まれるものである。大衆が豊かになれば、彼らに支払う賃金を抑えるよう、労働節約的な新しい技術や機械を開発・受容するインセンティブも生まれてくる。

他方で、そうした所得が重たい旧慣税制で政府に吸い取られるばかりだと、肝心の需要は生まれないし技術を発展させる原動力も働かない。琉球王国以来の収奪的な制度が、資本蓄積を阻害し、離陸の機会を失わせた。また、サトウキビへの特化が、米やサツマイモといった自地域での食糧生産を減らしかえって栄養状況を悪化させたかもしれないし、工業化を遅らせて技術や資本を蓄積していく機会を失ったかもしれない。実際、戦前の産業構造のもとで民間の資本蓄積は進まなかった。１９２０年代に

コラム ソテツ地獄

山の斜面に群生するソテツ

大正時代の恐慌期に沖縄の人々が置かれた悲惨な生活状況を、県民は現在まで「ソテツ地獄」の言葉で記憶にとどめてきた。毒を持つソテツの実を食べてまで飢えをしのがなければならなかったほどの困窮ぶりを表現している。

ヨーロッパが戦場となった第1次世界大戦（1914～1918年）で、世界的な砂糖不足から砂糖価格が高騰し、沖縄では「砂糖成金」と呼ばれる金持ちも現れた。しかし、大戦後に砂糖価格が暴落。1920年1月平均で100斤当たり35円だった黒糖の相場は、翌年の平均価格が12円まで下落し、1926年以降は10円を切るところまで下がり続けた。砂糖価格の高騰中に米を作る田んぼをサトウキビ畑に転換する動きが進んだことも加わり、好景気から一転して食糧不足が深刻化した。

食糧難だけでなく銀行の統廃合、欠食児童の増加、子女の身売りまで行われるなど、島の経済は困窮を極めた。毒性の高いソテツの実を食べて中毒死する人も出たこともあり、当時の沖縄朝日新聞は「ソテツ地獄」と名付けて悲惨さを報じた。

もともとソテツは、米や麦の凶作時に代用する救荒食物として琉球王国時代に王府の方針で積極的に栽培された植物だった。種子や幹に多くのでんぷんを含み、でんぷんを精製し、調理して食べる。奄美や粟国島では現在も「ソテツ味噌」という特産品がある。ただし、サイカシンという有毒成分を含むため、毒抜きが十分でないと中毒を起こす危険性がある。

黒砂糖の国際価格が急落したおり、「ソテツ地獄」と呼ばれる深刻な不況が沖縄を襲ったように、特定の産業へ特化するとリスク分散が難しくなり、特定産業へのショックが経済全体に大きな影響を及ぼしてしまう。こうした産業構造の持つマイナス面は、沖縄の発展を妨げた可能性がある。

加えて、政治経済的な要因が事態を悪化させたことを指摘しておきたい。当時政治的に力を持つ少数の集団、すなわち貴族・士族や明治政府、そして地方役人ら中間搾取層が、農業からの利益を占有していた。そうした社会では教育が拡充されにくい。農業は、工業に比べると、教育を広め（公教育への投資や児童労働規制などで）人的資本を高めるメリットが薄いからだ。むしろ、農地から利益を得る者からすると、農民がどこかに移住してしまわぬよう教育を広めないインセンティブさえある。農民を土地に縛り付ける旧慣がしばらく温存されたのは、それを望む者が県内にいたからだ。人的資本を磨かないでいると、工業化にも出遅れてしまうだろう。

少数のエリート層が土地からの利益を占めることになった背景には、尚家や上級士族が中国側に離反しないよう明治政府が彼らにそうした利益を与える必要があったことが挙げられる。日中両属という外交上の不安定さのツケが、近代以降重たくのしかかったと言える。

海外移民

20世紀に入り地割制が廃止された後、沖縄から県外・海外へ移住する者が増えていった。海外移民は当初ハワイやアメリカへ向かったが、次第にペルーやブラジルなど南米にシフトしていった。1908（明治41）年にアメリカが日本からの移民流入を規制したことや、ブラジル政府の渡航費用補助などもこの動きを後押しした。現代に生きる我々は、世界のウチナーンチュ大会で世界に散らばった沖縄系の人たちのパワーを感じることができる。

海外移民たちは単に貧困や徴兵から逃げ出した、というわけでなく、祖国沖縄にお金を仕送りしていた。嘉数（1985）は、沖縄の貿易赤字をファイナンスする上でこうした仕送りが役に立ったと指摘している。なお現代でもフィリピンやインドなど、海外からの送金に大きく頼っている発展途上国は珍しくない。県内の人口を減らすことは、マルサスの罠を緩和し、生活水準を改善する効果もあっただろう。

5　米国統治下の沖縄経済

戦後の経済状況

1945（昭和20）年の沖縄戦で、中南部を中心に沖縄が焼け野原となり、物的・人的に大きな打撃を受けたことは周知の事実である。沖縄戦で、それまで存した企業の多くは廃業や撤退を余儀なくされ、沖縄経済は新たなスタートを切る。アメリカは東西冷戦を背景に、日本を共産主義への防波堤、そして沖縄を太平洋の要石として位置づけた。沖縄戦から、1971年の沖縄返還協定を経て

1972年に日本復帰するまでの間、沖縄は日本から切り離され、日本国憲法の及ばないアメリカの統治下に入る。

アメリカの統治が、過去の中国や薩摩に属した時代と大きく異なる特徴は三つある。一つは、軍事的な拠点としての役割が見いだされたことだ。現在に至るまで、沖縄には米軍基地が集中し多くの軍人・軍属が住むようになる。二つ目の特徴は、アメリカ側は軍事基地を保持するためには県民の経済状況を改善することが必要だと考え、経済の復興と開発にコミットしたことだ。インフラの整備(上下水道など)、教育の普及(教科書編纂や教員の養成、琉球大学設置、農林高校や工業高校の設置など)、医療の拡充、法律・行政の整備(行政機関の設立、戦争で不明瞭になった土地所有権の整理、戸籍法の整理など)と、有形・無形の社会資本が整備された。資本移動の自由化(1958年)、自由貿易地域の設置(1959年)という対外的にオープンにする施策も採られた。そして三つ目は、アメリカ式の民主的でインクルーシブな制度が(軍事拠点化の方針に反しない範囲で)もたらされたことだ。本土が「逆コース」に転換している時期に沖縄では民主化へと向かう。念のため注意してほしいが、「アメリカに感謝!それに比べ薩摩の搾取はひどい!」といった粗野な話ではなく、そもそも時代背景が大きく異なること、とりわけ地政学的な重要性が琉球王国時代と大きく変わったことがこのような統治の質的な差異を生み出したと考えられる。ともあれ、本土と政治的に切り離されていながらも、経済成長に親和的な制度を得た沖縄は本土と同じく1960年代に高度経済成長期を迎えることになる。

占領初期の沖縄経済は「基地依存型輸入経済」と呼ばれる。1950年代の基地建設ラッシュ(軍工事ブーム)で、県民に雇用と所得がもたらされた(建設企業の台頭については本書第2章を参照されたい)。しかし、基地を建設する際、「銃剣とブルドーザー」こと土地の強制的接収があったこと

コラム　移民

沖縄は多くの県人が海外に雄飛した「移民県」として知られる。海外への集団移民は1899年（明治32年）、「移民の父」と呼ばれることになる當山久三が希望者26人をハワイへ送り出したことから始まる。當山のうたった「いざ行かん、われらが家は五大州」は海外移民の合言葉となった。

第1次世界大戦後、「ソテツ地獄」と称される不況に見舞われ、海外への移民が急増した。移民先の地域もそれまでのハワイに加え、ブラジル、ペルー、アルゼンチンなどの中南米、サイパンやパラオの南洋群島などに広がった。

サトウキビやコーヒー農場での重労働、ジャングル地帯の開墾など、新天地での生活は楽なものではなかった。日系移民社会の中で沖縄県人に対する差別に直面することもあった。異郷の地で県人会をつくって支え合い、独自のコミュニティーが世界各地にできあがっていった。

戦前の県経済は、海外で成功した沖縄出身者からの送金に支えられた。沖縄戦で沖縄が壊滅的な被害を受けると、海外の県系人たちは多くの寄付や支援を故郷に送り、復興の足掛かりをつくってくれた。

1990年、沖縄をルーツとする海外の人々が母県に集う「世界のウチナーンチュ大会」が初めて開催された。現在までほぼ5年ごとに計7回の大会を重ねている。県系人同士の経済的なネットワークであるWUB（ワールドワイド・ウチナーンチュ・ビジネス・アソシエーション）など新たな広がりも見せている。

2016年10月に催された第6回世界のウチナーンチュ大会の閉会式

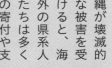

は遺恨をもたらすことにもなった（1956年の島ぐるみ闘争へと発展する）。朝鮮戦争が休戦し軍工事ブームが一段落した1953~1954年は不景気が訪れるものの、1955~1956年頃は本土からの海兵隊移駐に伴い、再び基地建設ブームに沸く。建設業だけでなく、スクラップ業や飲食・風俗といったサービス業も勃興する。現代においてコザが音楽の街となっているのは、占領期にクラブで軍人や軍属を相手に演奏していたことに由来する。米軍施設を多く抱える中部の街は、企業城下町ならぬ基地城下町として発展していく。建設関連産業で生まれた所得は、他部門への需要となり、基地と直接関係しない商業も活発になっていく。那覇の壷屋・神里原にも混沌とした卸売市場が形成されていく。1948（昭和23）年に営業の自由が解禁される（自由企業制の復活）と、雨後の竹の子のように、幅広い産業で新しい企業が生まれた。こうして、戦前までは農業を中心とした経済だったが、戦後、基地関連産業を中心とした産業構造の経済へと変化していった。

焦土と化した沖縄は、県外から復興資材や生活必需品などもろもろの物資を輸入する必要があった。アメリカは政策的に沖縄の為替レートを高めに設定し、安価に日本から物資を輸入できるようにしていた。具体的には日本では1ドル＝360円だったのに対し、沖縄は1ドル＝120B円（1950年）と、B円が過大評価されていた（為替取引は当時自由ではなかったが、闇市でキャリー・トレードも行われた）。この輸入促進政策は、輸出産業の発展を犠牲にすることにもなったと言われている（牧野 1990）。

ちなみに戦後沖縄経済論壇のキーワードとなる「経済自立」は、占領初期に登場した言葉だ。占領下に知事を務めた平良辰雄が選挙の際、党綱領（1947年）に「中小企業の振興と海外貿易の発展に拠り沖縄経済の自立を期す」と記し、当選以後、新聞などで広く使用されるようになったとされる

コラム　沖縄戦中経済

昭和時代の初期、沖縄は「ソテツ地獄」と称された経済恐慌から脱するため、国による振興計画が実施されていた。

しかし、1937年の日中戦争開始以来、徴兵や県外への出稼ぎなどで農村の労働力が低下。琉球王国時代からの主要産業である農業も振るわなくなった。

第二次大戦が勃発し、経済も住民生活も戦時経済統制下に組み込まれ、経済活動は急速に停滞した。

戦況が悪化する中、1941年ごろまではなかった軍事施設が沖縄に造られるようになる。建設業者をはじめ一般住民も動員され、日本軍の飛行場や陣地構築などにあたり、沖縄の要塞化が進められた。

一方、1940年に米の配給制が実施され、1941年には衣・食・住のすべてが統制下におかれた。戦争遂行のため、住民には貯蓄や増産が求められた上、軍隊への食糧や物資の供出も要求された。米やイモ、大豆、肉、黒糖など、供出品目は増え住民生活を窮乏させた。

軍事施設の建造や住民の戦闘員化で、生産活動はさらに低下。都市部の住民は配給品で生活が維持できないため、農村の親類を頼ったり闇物資で生活を支えたりする人たちもいた。

1944年10月の「10・10空襲」から、住民が戦闘に巻き込まれていく。食糧も戦火で失われ、配給も途絶えた。1945年3月からは空襲や艦砲射撃が激しくなり、4月からの地上戦で住民を巻き込んだ凄惨な戦闘が繰り広げられて、沖縄は極限状態に陥った。

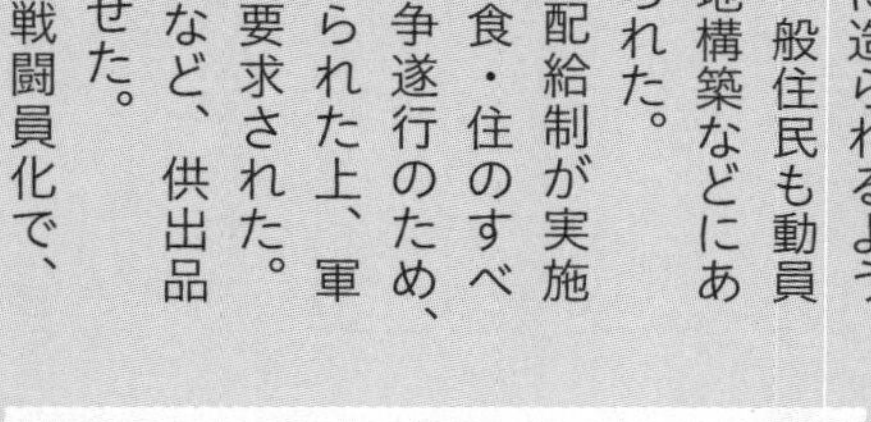
米鑑艇が沖縄を包囲、一斉に艦砲射撃を開始した。航空機による爆撃とともに文字通り「鉄の暴風」となって砲弾を降らせた＝1945年3月

（坂下　2012）。上からの財政移転（アメリカの復興資金）への依存を減らし、巨額な貿易赤字を解消し、「自立」しようというわけである。戦後の復旧フェーズから復興フェーズへと移り変わる頃に生み出された「経済自立」という言葉は、占領が終わった今もなお意味を変えながら、問題提起をしている。

産業構造の変化

「基地依存型輸入経済」のもと、製造業がほとんど根付かないままサービス業が経済活動の中心を占めることになる。沖縄の経済論壇ではかねてより、製造業の勃興を経ることなくサービス業中心の経済に移行したことは評判が悪い。自立的な発展をしていれば工業化を経てもっと豊かになっていたはずだ、というわけだ。琉球政府が1955（昭和30）年に作成した「経済振興第一次五カ年計画」でも、基地を原因に第三次産業へ偏重した「不健全な構造的ひずみ」が問題視されている。

経済活動の中心が、経済発展と共に農業、製造業、サービス業へと移り変わっていくことを、産業構造変化（ペティ・クラークの法則）と呼ぶ。産業構造変化は世界各国で広く観察される経験則として知られる。ただし現代インドのように、製造業をすっ飛ばしてサービス業、特にＩＴや金融部門が成長を牽引するような例外もある。

産業構造変化はあくまでも経験則であり、それが自然で、望ましい発展経路であるということについては経済学的なコンセンサスはない。経験則に従わないこと自体が経済成長やキャッチ・アップを妨げる要因となることまではわかっていないし、「経済自立」と経験則との関係も自明ではない。

経験則に従う、特に成長著しい製造業からサービス業にシフトすることが、かえって経済成長の足を引っ張る効果を持つことも知られている（ボーモルのコスト病と呼ばれる）。１９９０年代頃まではたしかに製造業が経済成長を牽引していたが、ＩＴ革命以後は、情報通信産業やＩＴを活用した産業が躍進している。戦後製造業が中心だった地域は、現代まで相対的に伸び悩んでさえいる。もし沖縄が工業化を果たしていれば現在はもっと豊かだったはず、というシナリオには、議論の余地が多く残っている。

占領下の通貨

沖縄が経験した、ユニークな通貨の歴史を紹介したい。占領期に沖縄は日本円の通貨圏から切り離されていた。戦後の混乱もあって、沖縄は法定通貨の変更を幾度も経験する。中でも、Ｂ円と米ドルを用いた時代が長い。なお、ブレトン・ウッズ体制が続く１９７１（昭和46）年までは固定為替相場制だったことにも注意してほしい。貨幣は、様々な物の価値を測るものさしとしての機能（価値尺度機能）を持っている。沖縄は価値の基準たる貨幣がコロコロと変わるという不便さを経験したと言える。

敗戦直後、県民が収容所生活をしている時期、戦争の被害が大きかった地域で、貨幣を用いた取引が禁止される。住民は物々交換を強いられることとなる。そんな中でも米国製のたばこが貨幣として用いられていたようである。貨幣経済が再開されるのは１９４６（昭和21）年3月になってからだ。

貨幣経済再開直後は、Ｂ円型軍票（以下、Ｂ円）や新日本円や米ドルが混在し、為替レートは同じ通貨ペアでも複数存在していた。１９４８（昭和23）年の第4次法定通貨変更でこうした混乱を収め、

Ｂ円のみが法定通貨とされる「Ｂ円時代」が始まる。なお、Ｂ円は米ドルの裏付けを持ち、米ドル本位制であった。１９５０（昭和25）年には単一の為替レートが設定される。

Ｂ円を発行する仕組みは現代の感覚からすると特殊であった（琉球銀行調査部　１９８４、牧野　１９８７）。沖縄の中央銀行である琉球銀行（１９４８年に設立）は、通貨発行の権限を備えていたものの、実際には行使することはなかった。貨幣供給は当初、国際収支に連動してなされていた。すなわち、経常収支が黒字でドルを受け取る（たとえば輸出や基地従業員の賃金受け取りや軍用地収入や復興資金）と、それを原資にＢ円を発行し、逆の場合はＢ円を市中から吸い上げた。国際収支に連動させるのは、沖縄の対外取引を処理することを意図している。統制されていた国際貿易を開放するにあたっての措置であった。１９５０年代初頭は軍工事ブームや朝鮮戦争特需で、沖縄のドル備蓄は増え、Ｂ円供給量もそれに比して増えていった。貨幣面でも「基地依存」な経済であった。

こうした貨幣供給ルールでは、不景気のときに金融緩和でなく金融引き締めをしてしまうことがある。実際、１９５７〜１９５８年頃は、本土の不景気（なべ底不況）を受けて経常収支赤字になり、貨幣供給を減らすことになった。

１９５８（昭和33）年にはＢ円から米ドルへと切り替えられる（1ドル＝１２０Ｂ円だった）。その主目的は、外資の誘致だ。貧しい沖縄に技術や資本を導入するには、外国企業を呼び寄せる、そのために世界でみんなが使っている米ドル（基軸通貨と呼ぶ）を沖縄でも使おうじゃないか、というわけだ。実際、ドル体制に移行し資本移動の自由化が行われてからは、製糖業やパイナップル加工業、および商業・サービス業で外資の参入が増えることになる。外資をテコに経済開発を促進し、ひいては輸出産業を育てるのは、アイゼンハワー政権期アメリカの東アジア戦略の一環であり、台湾や韓国で

通貨交換のための大量の円を運ぶ車列。カービン銃武装の警官隊約400人が那覇港から日本銀行那覇支店まで警備。武装した米軍憲兵隊も出動した＝1972年5月2日

ドルから円への交換のため人でごったがえす金融機関の店内。沖縄経済を支配し続けたドルは復帰と同時に円に交換された=1972年５月15日、那覇市琉球銀行本店

コラム　通貨交換（ドルから円に）

１９７２年5月15日、沖縄は戦後27年続いた米軍による統治から、日本に復帰することになった。日本に戻るから、使うお金も日本円に変わる。それまで使っていた米ドルは、当時のレート、１ドル＝３０５円で円に交換された。

戦後直後の物々交換に始まり、米軍が発行したB円軍票紙幣、新日本円、あるいはその両建て、そして米ドルへ…。通貨制度の変更は１９７２年のドル・円交換まで７回あり、珍しい経験をしている。

交換された総額は米ドルで約1億ドル、円では３１５億円以上となった。

通貨交換を担ったのは１９７１年に設置された日本銀行那覇支店開設準備室。当時の担当者によると、沖縄には通貨の統計がなく、交換する円がどのくらい必要なのか分からず、その見積もりが難題だった。

琉球政府が、住民が持つドルの量を確認した。作業にあたっては当初、ドル紙幣に「祝復帰」のスタンプを押して把握する予定だったが、発券国の米側が「通貨の尊厳を損なう」と反対。急きょ、鉛筆に付いている消しゴムをスタンプとして使うという苦肉の策も出た。

日銀那覇支店は、さまざまな想定を重ねてドルの流通量が1億ドルで、為替レート（３６０円）を当てはめ計算。さらに50%の余裕をもたせ約５４０億円を準備することになった。

復帰２週間前の5月２日、大量の円を積み込んだ海上自衛隊の輸送艦２隻が那覇港に接岸した。琉球警察の護衛で那覇支店へ運び込まれた。外部には知らされない極秘のミッションだったという。

通貨交換は5月15日から20日まで、県内の金融機関の各支店、郵便局など１９０カ所で実施された。交換所は、大勢の人でごった返し、世代わりの節目を象徴した。

も同様の動きがあった。しかしながら、沖縄では期待されるほどには外資導入は進まず、輸出拡大や輸入代替への貢献は小さかった。復帰前には石油やアルミニウムへ大型の外資参入が計画されたが、日本側の参入阻止に遭い実現しなかった（琉球銀行調査部 1984）。

それまで中央銀行であった琉球銀行にドルを自由に発行できる権限はもちろん与えられず、琉球銀行は一般の銀行として性格を変えていく。1958年は、準備預金制度にも修正が入る。従来、市中銀行は琉球銀行に預金の一定割合を預ける必要があった。これが、琉球銀行でなく、バンク・オブ・アメリカなどアメリカの金融機関に預けてもよい、と修正される。占領下の沖縄は、本土と同様、資本の自由移動と為替レートの安定と引き換えに、自律的な金融政策を放棄していたと言える。

1960年代半ばから日米で沖縄返還交渉が始まり、1972（昭和47）年に施政権の返還が実現する。このとき沖縄は六度目にして最後の通貨交換、米ドルから円への移行を経験する（ドル円交換の詳細については軽部 2012）。しかし、復帰する前の1971（昭和46）年、ニクソン・ショックが起こる。固定為替相場制から変動為替相場制へと移行したのである。それまで1ドル＝360円だったものが、1ドル＝300円強程度まで円高が進行する。

こうした円高はドルで生活していた沖縄県民にとって困難なものであった。資産が大きく目減りする（それをヘッジする金融的・政治的手段もない）上、日本からの輸入品に価格の上昇圧力が働く。実際、「輸入経済」の沖縄は年率にして10％程度の激しい輸入インフレを経験することになる。沖縄は1ドル＝360円のレートでの交換を要求するが、かなわず1ドル＝305円で交換がなされた。ただし、個人の預貯金については、為替差損の分はある程度給付金で補填されることとなった。

アメリカの遺産

アメリカ統治下で、沖縄はアメリカから様々なものを吸収することになる。タコライスやポークたまごなど、アメリカの食生活に影響を受けたイノベーションが生まれる。食文化に限らず、占領期由来のアメリカらしさを、我々は沖縄らしさの一要素として感じ取っている。

とはいえ、アメリカの企業が多く進出し、沖縄県民を多く雇ったわけでもなく、アメリカ流の経営慣行や生産技術や企業統治が伝わったわけではなかった。現代でもアメリカ企業が県内で（本土以上に）幅をきかせている業界は、ニッチなものを除けば、多くない（在沖米国商工会議所は現在もある）。企業経営面でアメリカは後世に残るような影響を持たなかったと言えるだろう。

アメリカは、人材育成策として米国へのガリオア留学制度（米留制度）を作ったが、道路や港湾のようなハードな社会資本を十分提供したわけではない。復旧・復興のための援助（ガリオア資金・エロア資金）は、設備投資というよりは消費（や住宅投資）に向かった。もちろん一部は、電力・水道といったインフラや、運輸関連の企業設立などに使われた。しかしながら、地域内の生産能力を高めるような公共財供給は十分になされなかった。アメリカにとって沖縄はあくまでも軍事的な拠点であり、県民の経済状況の改善を第一の目的としていたわけではない。1960年代後半から日本からの援助（日政援助）がアメリカからの援助を追い抜き急拡大していくことになる。1960年代、アメリカは沖縄振興において日本の責任と役割を高めようとしていた（ケネディ新政策）。沖縄の社会資本整備が本格化するのは復帰後である。

アメリカが残したもので、米軍基地を無視するわけにはいかない。基地は極東の安全保障に寄与しながらも、政治的な軋轢を生み、軍用地主という新しいステークホルダーを生み出した。政治の話は筆者の専門ではないため棚上げして、経済の話をしておこう。

米軍基地の経済的影響はよくわかっていない部分が多い。冒頭で見たように、沖縄が全国にキャッチ・アップする上で必要なのは、GDPの水準を高めることというより、GDPの成長するスピードを高めることである。米軍基地をめぐる諸問題が、どういったメカニズムでどの程度沖縄のGDP成長率に影響しているのかは、学術的には未解明な問題であるように思われる。

基地が経済成長に与える効果の分析は専門家にとっても難題だ。基地がある沖縄が貧しいことを観察したからといって、基地のせいで貧しいと因果関係を即断することはできない。沖縄が成長する見込みが薄く基地受け入れを納得させる代償が少なくて済むからこそ、基地が長期間存続してきた、という可能性を無視することはできないからだ。同様に、基地返還跡地がめざましく発展したように見えたとしても、発展する見込みがある場所だから返還が実現したのであって、返還したから発展したのではない、という逆因果の可能性を考慮しなければ、基地返還の経済効果を見誤ってしまう。

基地の経済的な評価をする上で、政治と切り離して議論することにも限界がある。基地受け入れが、経済的な懐柔策（復帰前は軍用地料、復帰後は沖縄振興政策など）と結びついている（ように見える）ことは、県内に社会的分断を招いている。とりわけ1995（平成7）年の少女暴行事件以後、沖縄振興政策に基地受け入れの代償としての側面が強くなった（冷戦が終わり、「平和の配当」を意識する時代であった）。県民は基地と経済のトレードオフを迫られている。

では沖縄振興政策はどう評価できるだろうか。沖縄振興政策は経済にポジティブに寄与するだけではなく、かえって非効率性を惹起することもある。数々の優遇策や補助金の利益を享受する者が

コラム 金門クラブ

米軍統治下の沖縄から、将来を期待され、米国に派遣された留学生たち。その米留経験者たちが親睦を目的に1952年に発足したのが金門クラブだ。

当時は太平洋を船で横断する2週間の長旅。留学生たちは、サンフランシスコのゴールデンゲート・ブリッジ（金門橋）を見て米国への到着を実感したという。その思いがクラブ名となった。

帰沖すると、官民の要職に就き、沖縄経済の復興に大きな役割を果たした。ただ、異民族支配の中、沖縄住民の米留経験者へのまなざしは複雑だった。

会員親睦のため、勉強会を兼ねた月例会を米軍将校クラブのハーバービュークラブで開催。歴代の高等弁務官が主に講演したが、米国民政府から忌避されていた瀬長亀次郎氏も招かれるなど公平性を持っていた。

金門クラブで講演するキャラウェイ高等弁務官（右奥）=1961年6月27日、那覇市のハーバービュークラブ

沖縄住民に否定的な印象を決定づけたのは、圧政で知られるキャラウェイ高等弁務官。1963年3月の月例会で「琉球における自治は神話である」と演説し、沖縄社会に大きな衝撃を与えた。

キャラウェイ氏は同クラブから、電力公社や水道公社、琉球銀行などの大手企業社員に登用。琉球開発金融公社の総裁に30代の若手を抜てきし、金融界を粛正した施策は「キャラウェイ旋風」とも呼ばれる。

同クラブは名桜大学長、県内各大学の名誉教授、県知事や副知事も輩出。メンバーたちは沖縄の発展を支えた。1982年に発足した米国留学生のガリオア・フルブライト沖縄同窓会と合併した。

多くいる一方で、便益を求める者の政治的活動（レント・シーキング）は、社会的に非効率なものだ。補助金の奪い合いは概して非生産的で、しかし周りがやっているなら自分もやらないと損をする、という構図がある（共有地の悲劇と同様）。また、国の援助を当てにして県が十分な努力をしない、モラル・ハザードの温床にもなる。

このような非効率性がどの程度経済成長を阻害しているのか、そして振興政策がどれほど成長を促進したかは定かでない。振興政策の有効性は、沖縄が振興予算をよく執行する制度を持っているかにも左右される。いたずらに浪費せず、特定の利権団体ではなく弱者や将来世代を含む幅広いステークホルダーを利し、納税者への説明責任を果たせるような、透明性と責任のある政策運営ができているだろうか。

本土復帰後の沖縄経済

本土復帰後の沖縄経済について議論を付す。1972（昭和47）年5月15日にアメリカから日本へ沖縄の施政権が返還され、アメリカの統治時代は終わった。

復帰後は、本土との所得格差を埋め合わせるべく、沖縄の経済発展に官民から関心が集まった。沖縄振興開発特別措置法が制定され（2002年より沖縄振興特別措置法）、沖縄振興開発計画（沖振計）が策定される。沖振計を基にして、本土との格差是正や沖縄の経済的な自立を目指してさまざまな経済政策が実施されることになる。復帰を機に沖縄開発庁（のち内閣府沖縄振興局）と沖縄振興開発金融公庫も設置された。

復帰に伴い、沖縄返還を記念した事業が実施された。中には原子力発電所の建設など、実現しなかった計画もあったが、沖縄国際海洋博覧会（海洋博）、復帰記念沖縄特別国民体育大会（若夏国体）、復帰記念植樹祭といったイベントが実施された。

中でも海洋博は規模が大きく、注目された。高度経済成長期の東京五輪や大阪万博のように、イベントを理由に道路や空港、港湾や上下水道、通信設備などの社会資本を整備することで、イベント後の地域経済発展の起爆剤になると考えられた。とりわけ、過疎化の進む本島北部では期待が大きかった。ところが、石油危機による景況の悪化もあって海洋博は想定よりも集客できなかった。過剰投資をしたホテルや飲食店が立ちゆかなくなり、「海洋博不況」と呼ばれる反動が生じた。それでもなお、那覇空港から本島北部にかけて沖縄自動車道など交通インフラの整備が進んだことは、中長期的には暮らしの改善や観光業の興隆に寄与したと考えられている。現在、海洋博の会場跡地には沖縄美ら海水族館が建ち、沖縄観光の中心的拠点となっている。

海洋博の時期には、本土資本が県内に流入する動きが警戒感をもって受け止められた。本土企業が土地をホテルやゴルフ場や投機のために買い占める動きがあったためだ（復帰前は琉球籍がなければ沖縄の土地を取得できなかった。大城（1980）によれば、1971年から1973年にかけて県の総面積の5・4％もの土地が買い占められた）。また、沖縄の建設会社の多くは公共事業に本土企業の下請けや孫請けとしてしか関われず、建築資材は県外から移入でまかなわれた。県内で生み出された所得が県外に漏出してしまい、県民に十分還流していないのではないか、という「ザル経済」の問題意識は当時からあった。

さらに、急速な開発が土砂や赤土の流出を招き、経済発展を自然環境保全と両立し持続可能なものにする必要性も認識され始めた。海洋博期の反省があって、観光業は歴史・文化や自然と結びつき地域に根ざした形での発展を模索することになる（櫻澤 2021）。

復帰後の沖縄経済は「3K」、すなわち基地・観光・公共事業が特徴だとしばしば言及される。海洋博は観光と建設が沖縄にとって基地に代わる新たな基幹産業となっていく象徴的なイベントと言える。ただし、海洋博という一過性の需要だけが、観光や建設が伸び、定着した要因ではない。働き手の持つ物的・人的資本が総じて乏しかったことや、所得が低く県内の民間の需要や自主財源が限定的であったこと、本土市場との「距離」が縮まり交流が活発になったこと、沖縄振興政策がハード面に偏っていたことなども産業構造を形作る要因だと考えられる。3Kを基盤とした産業構造だからこそ箱物行政が選ばれやすかったという側面もあっただろう。

現在では、観光は幅広い人に雇用と所得を生み出し、沖縄経済を牽引する存在へと成熟してきている。観光業は、飲食やタクシーのような、貿易できないサービスをも輸出できるようにする、裾野の広い輸出産業である。2010年代は外国からの訪沖観光（インバウンド）が急伸し、県経済は全国を上回る活況を呈していた。しかし、2020（令和2）年に新型コロナウイルスのパンデミックに見舞われ、観光需要は蒸発してしまった。どのように立て直していくか、また感染症のようなリスクに対する耐性をどう高めていくかが沖縄経済にとって目下の課題となっている。

6　さらなる発展に向けて

本章では、琉球王国から現代まで、沖縄経済の歩みを急ぎ足で追いかけてきた。沖縄の貧しさがどこから来るのかを考える上で、所得水準は低いが所得が伸びるスピードは低くも高くもなかったことに注意が必要であることを先に指摘した。その上で、いつから所得が低い水準にあったのか探るため、歴史をひもといてきた。私的財産権やエリートの収奪を防ぐような経済的制度を一つのキーワードに、中国の影響を受ける時代（琉球王国）、日本の影響を受ける時代（近世から近代）、そしてアメリカの影響を受ける時代（占領期）の主要なトピックを見てきた。

最後に、これからの沖縄経済を考えるヒントとして、地理についての議論を付したい。琉球王国時代は日本・中国・東南アジアをつなぐ貿易拠点として、戦後は太平洋の要石として、沖縄の地理的な環境は沖縄のユニークな歴史を形作ってきた。経済における地理の役割は何だろうか。

近年の経済学では、経済発展の決め手になるものは、地理そのものより、制度や人的資本だという見方が主流だ。本章でも制度と人的資本に焦点を当ててきた。

かたや、経済学は地理の重要性もまた、解き明かしてきた。地理は貿易に有利な地域かどうかを、また、イノベーションに有利な地域かどうかを決める大きな要素だ。貿易は、需要が旺盛な地域に輸出しやすく、生産に必要な原材料や資本を安く輸入しやすい地域ほど盛んになる。他地域へのアクセスが悪い地域は貿易の機会に乏しく、低賃金しか支払えない企業が多く、所得も低いものになる。島嶼県沖縄に製造業が少ない一因は、輸送面で不利な地理的環境だ。ところが、沖縄の地理的環境は21

世紀においてはむしろ注目されるようになっている。アジアの経済成長が見込まれる中、国内で最もアジア市場に近い沖縄は、国際貿易の新たなゲートウェイとして、また多文化が交錯する場として、高いポテンシャルが見いだされている。国際物流の拠点としての設備投資も進んでいる。

イノベーションにとっては、他の経済活動以上に、地理が重要だ。実際、イノベーションはごく限られたごく狭い場所でクラスターを形成し、集中的に行われている。アメリカのシリコンバレーが最たる例だ。イノベーションを促すには、地域の中に、知的活動を担う者たちが大勢集い、交わり、知恵を出し合う機会が必要だ。アイディアと野心を持つ起業家と、それらを支える経営・金融・法律・技術のプロフェッショナルたちが試行錯誤と切磋琢磨をくり広げる場が必要だ。知識の創造と具現化は独力ではできないものだ。

イノベーションを醸成する地理的環境に関しては、沖縄はまだまだ改善の余地があるように筆者は感じている。知の時代において、おもしろいことをやるなら沖縄で、と思える空間にしていきたい。さらなる経済発展に向けて、沖縄は地理的な課題と格闘する必要があるだろう。

付録：データ注釈

図1で用いたデータについて説明する。沖縄の系列は、名目一人あたり県民所得を県内総支出デフレーターで実質化した。村上・藤澤（２００９）には県外からの純要素所得のデータがないため、「県内所得」に相当するものとして県内総生産－固定資本減耗－（間接税－補助金）を計算し

た。全国のデータは一人あたり国民所得を用い、デフレーターは平成12年度基準の固定基準年方式に合わせた。異なる基準のデフレーターは、重複する部分の平均が等しくなるようにリンク係数を計算し接続した。沖縄のデフレーターは村上・藤澤に合わせて平成12年度基準の固定基準年方式にした(2008SNAは接続困難なのでここでは無視している)。1975~1980年の欠損値となっている区間は、消費者物価指数総合と同じインフレ率と仮定して補完した。また、1974~1975年にかけてのインフレ率は全国と等しいと仮定して補完した。復帰前の人口は宮里(1979)を定率で内挿した。なお、県民経済計算は国民経済計算と必ずしも比較可能な統計ではないことには注意が必要である。データ出所:内閣府「県民経済計算」「国民経済計算」、総務省「人口推計」「消費者物価指数」。

参考文献

Dell, Melissa, and Benjamin A. Olken(2020)The development effects of the extractive colonial economy: The dutch cultivation system in java. *The Review of Economic Studies* 87: 164-203.

安良城盛昭(1980)『新・沖縄史論』沖縄タイムス社

大城常夫(1980)「土地利用」沖縄社会経済調査委員会『本土復帰による沖縄社会経済変動調査報告書』

軽部謙介(2012)『ドキュメント 沖縄経済処分:密約とドル回収』岩波書店

坂下雅一(2012)「戦後初期沖縄群島における「複合ネーション」の生成過程と沖米日関係」国際政治 170: 76-92.

櫻澤誠(2021)『沖縄観光産業の近現代史』人文書院

里井洋一(2001)「近世琉球におけるウコン専売制の起源と展開:夫役がささえるウコン経営」琉球王国評定所文書 18: 7-58.

澁谷義夫（2008）「近代沖縄における糖商資本による黒糖流通支配について」農業史研究 42: 3-13.
平良勝保（2011）『近代日本最初の「植民地」沖縄と旧慣調査：1872-1908』藤原書店
高良倉吉（1980）『琉球の時代：大いなる歴史像を求めて』筑摩書房
高良倉吉（1989）『琉球王国史の課題』ひるぎ社
田里修（1991）「近世琉球における婚姻規制について」沖縄大学紀要 8: 73-77.
西里喜行（1972）「旧慣温存下の県経済の動向」・琉球政府編『沖縄県史3：経済』第3章　国書刊行会
真栄平房昭（2003）「琉球貿易の構造と流通ネットワーク」豊見山和行（編）（2003）『日本の時代史 18: 琉球・沖縄市の世界』吉川弘文館
牧野浩隆（1987）『戦後沖縄の通貨』ひるぎ社
牧野浩隆（1990）「戦後沖縄の経済開発政策」東江平之・宮城悦二郎・保坂廣志（編）『沖縄を考える：大田昌秀教授退官記念論文集』
水上雅晴（2017）『琉球「科試」の実施状況について』沖縄文化研究 44: 1-33.
村上敬進・藤澤宣弘（2009）「沖縄県における県民経済計算の長期時系列データ」沖縄大学法経学部紀要 12: 35-54.
琉球銀行調査部（1984）『戦後沖縄経済史』琉球銀行
山本弘文（1999）『南島経済史の研究』法政大学出版局
吉武成美（1984）『沖縄の養蚕』沖縄農業 19: 49-55.

第二章

沖縄産業発展のあゆみ

専修大学　経営学部　教授

山内　昌斗

山内 昌斗（やまうち まさと）

専修大学経営学部教授。沖縄市出身。琉球大学法文学部経済学科卒業。愛知学院大学大学院経営学研究科博士前期課程修了。神戸商科大学（現在の兵庫県立大学）大学院経営学研究科博士後期課程単位取得退学。博士（経営学）。広島経済大学経済学部講師、准教授、教授を経て現職。主要な著書に山内昌斗（２０１０）『日英関係経営史 ―英国企業の現地経営とネットワーク形成―』溪水社、與那原建・山内昌斗（２０２１）『沖縄企業の競争力』文眞堂がある。

1　沖縄における産業・業界の歴史

地球儀からみれば、沖縄は小さな島である。しかし、その島で人々が暮らし、さまざまな活動を繰り広げてきた。その営みは、長くそして深く歴史に刻み込まれてきた。

多様な歴史のなかのひとつに、経営の歴史がある。経営活動は人々の生活のための手段であると同時に、地域社会の発展につながるものであった。経営活動に関わった人々は、命どぅ宝（生命尊重）、ゆいまーる（相互扶助）、ちむぐくる（慈しみの心）といった価値観を大事にしながら、ビジネスを展開した。

この章では、こうした人々の活動の歴史を取り上げる。全体を2つのパートに分け、前半で沖縄における産業発展の歴史を概観する。続いて後半で、業界ごとに区分し、各企業の経営の歴史を取り上げる。

第一章では経済学の視点から沖縄経済に関する史的説明がなされたが、この第二章では経営学の視点からの説明を試みる。実は、経済学と経営学は、学問的にみれば全く別の分野である。アプローチや視点、研究対象など様々な違いがあるが、単純にわかりやすく説明すれば、経済学が広く総合的に経済的活動を捉えようとするのに対し、経営学はより狭く経済的活動（経営活動）を捉えようとする。個々の企業であったり、個々の経営者であったり、さらにいえば、経営者の心情や思考といった内面的なものをみようとする。

本章では、第一章とは異なる視点から沖縄の歴史をみることで、読者の知識をより豊かなものにすることを試みる。ここで得た知識をもとに、沖縄の未来を切り開く新たな行動が生まれてくれれば幸いである。

2　産業発展の鳥瞰

寄留商人と商業の発展

1879（明治12）年、第一尚氏王統の時代から数え、およそ450年間存在した琉球王国が消滅した。新たに沖縄県が設置され、時代が変わった。明治政府は琉球士族の反乱を恐れ、当面の間、王国時代の制度などを維持し、急激な変革を回避した。

こうしたなか、日本各地から沖縄で一旗揚げようとするものがやってきた。寄留商人と呼ばれる人々であった。当時、沖縄の商取引は露店の市場で、売り手と買い手が交渉しながら価格を決める、相対《あいたい》売《う》りが一般的であった。そのような時代に、寄留商人たちは民家を間借りし、商品に値札をつけ、見栄え良く陳列して販売した。商業の発展途上段階にあった沖縄に、新たな商法を持ち込んだ。寄留商人たちのなかには大きな成功を収め、被選挙権を得て、政界へ進出するものもあった。

寄留商人たちが沖縄でのビジネスに機会を見出したのは、販売市場だけではなかった。もうひとつ

コラム　寄留商人

沖縄に初めて百貨店ができたのは1930（昭和5）年。那覇市東町の山形屋呉服店沖縄支店の新店舗（後の沖縄山形屋）だ。鹿児島系の寄留商人の代表格だった。東町は当時の那覇の中心地。山形屋の前には路面電車が走り、周辺には県内初の鉄筋コンクリート造りである那覇市役所があった。寄留商人が営む商店が立ち並び、市場もにぎわった。1935（昭和10）年には同じく寄留商人系の円山《まるやま》号百貨店も設立されたが、流行の発信地でもあった繁華街は1944（昭和19）年の「10・10空襲」で灰燼に帰している。

寄留商人とは、明治から昭和初期にかけて沖縄に進出した実業家らを指す。1879（明治12）年に日本に併合された沖縄では商業が発達していなかった。寄留商人は貿易や開墾、鉱山開発にも進出したが、多くが手掛けたのは砂糖取引だ。砂糖は琉球時代の制限令が撤廃され、農家の換金作物となっていた。彼らは仲買人として砂糖を買い占め、富を築いた。

出身地は鹿児島と大阪が二大勢力で、尖閣を開拓した福岡の古賀商店などもあった。寄留商人たちは旧支配層と対立しながら沖縄の経済や社会で一大勢力を形成し、国政にも代表者を送り込んだ。民衆の収奪者として批判された一方、沖縄の近代産業育成に貢献したとの評価もある。

沖縄戦が近づくとほとんどは本土に引き揚げたが、山形屋は戦後営業を再開し、那覇の国際通りに店舗を構えた。長く県民に親しまれたが、相次ぐ郊外型大型店の出店などで1999（平成11）年に閉店した。

大勢の人でにぎわう沖縄山形屋の閉店セール＝1999年8月

「庶民のデパート」として県民に親しまれた沖縄山形屋＝1999年

が供給市場としての魅力であり、砂糖取引であった。薩摩藩の特権的御用商人であった鹿児島商人を中心に、農家から黒糖を買い入れ、それを大阪の市場で販売するものがあった。砂糖取引の仕組みは秘密にされ、供給者である沖縄の農家のなかに、砂糖の相場や品質の鑑定方法を知るものはなかった。寄留商人たちは砂糖を安値で買い取ることで、莫大な利益を手にすることができた。

しかし、農家に不利な取引を、人々はただ黙ってみていたわけではなかった。出張先の大阪で砂糖取引の様子をみた県庁吏員の仲吉朝助が、農家の所得を増やすために、砂糖委託問屋の丸七商店を立ち上げた。同商店は農家から黒糖を委託糖として預かり、大阪から招いた鑑定士の評価をもとに、寄留商人と取引した。情報の非対称性を改善することで、取引の不利を解消した。丸七商店の成功に刺激を受け、やがて県内各地に砂糖委託問屋が誕生した。

寄留商人への対抗

寄留商人が沖縄の政財界で勢力を伸ばすなかで、その動きに対抗しようとするものが現れた。尚家をはじめとする旧琉球士族であった。1883（明治16）年、旧国王・尚泰の長男である尚典と、琉球救済を訴えて清国へ亡命した幸地朝常の長男である幸地朝瑞を中心に、貿易会社の丸一商店が創設された。同社はかつて琉球王府がおこなっていた東アジアでの三角貿易を展開した。

また、1887（明治20）年には、尚家により広運社が設立された。同社は500〜600トンクラスの球陽丸を運航し、沖縄と日本本土間の海運を手掛けた。日清戦争後に尚泰の娘婿である護得久朝惟が社長に就任すると1，400〜1，500トンクラスの広運丸や大島丸を購入し、事業を拡大した。このほかにも、1893（明治26）年に尚泰の四男の尚順、旧士族で県費留学生として慶應義塾で学んだ太田朝敷、高嶺朝教により、琉球新報が設立された（現在の琉球新報とは別会社）。彼らは国内外のさまざまな情報を発信することで、沖縄の近代化を目指した。

1900（明治33）年には、旧士族の模合が発展し、沖縄銀行が設立された（現在の沖縄銀行とは別会社）。同行は浪速銀行から銀行簿記などを学び、金融業務を開始した。そのほかにも尚家は事業を拡大し、1887年に伊差川鉱山、1899（明治32）年に西表炭鉱の経営に着手した。

尚家財閥の形成は、寄留商人にとって脅威となった。ただ、尚家関連資本の多くは長期的な競争優位をもつには至らなかった。寄留商人系企業や国策会社との競争激化や、鉱山資源の枯渇、ビジネス・モデルの欠陥などにより、事業は次々と失敗し、撤退や売却により消滅した。ただ、すべての事業が失敗に終わったわけではなく、桃原農園のように、現在でも競争力を有する企業もある。

糖業の近代化と沖縄

琉球王国時代から、沖縄の主要産業は農業であった。特にサトウキビの栽培が盛んで、それを原料とした黒糖づくりがおこなわれた。農家は収穫したサトウキビを、牛馬を畜力にしたサーターグルマ（砂糖車）で圧搾し、搾り汁を鍋で煮詰めて黒糖をつくった。サトウキビは換金作物であり、沖縄経済の中心にあった。沖縄県は糖業の近代化を産業政策の重要課題と認識し、奨励・振興を図った。

1888（明治21）年、甘蔗作付制限が撤廃され、県内各地でサトウキビの栽培が可能になった。さらに1906（明治39）年に臨時糖業改良事務局が設置され、西原村（現在の西原町）に試験場が設けられた。同試験場で、機械生産による分蜜糖の生産が試みられた。

沖縄の糖業の近代化の流れのなかで、1910（明治43）年に北谷村嘉手納（現在の嘉手納町）にて、沖縄製糖が設立された。同社の誕生により、機械製糖業が本格化した。沖縄製糖は台湾へも進出し、後に社名を台南製糖へと変えた。台南製糖は1917（大正6）年に設立された沖縄製糖（先述の沖縄製糖とは別会社）、1919（大正8）年に設立された宮古製糖を吸収・合併し、糖業を主導した。

1914（大正3）年に第一次世界大戦が勃発すると、日本は大戦景気に沸いた。ヨーロッパが戦場になったことで、砂糖の価格が上昇した。好景気の波に乗り、沖縄の糖業は黄金期を迎えた。大規模なサトウキビ農家、砂糖商人のなかから砂糖成金が生まれた。

ただ、大戦景気は長くは続かなかった。第一次大戦が終結（1918年）し、しだいにヨーロッパの経済復興が進むと、1920（大正9）年をピークに砂糖価格が急落し、不況の波が押し寄せてきた。当時の沖縄の人口はおよそ60万人であり、そのうちの約7割が農家であった。農家が砂糖価格の上昇に合わせてサトウキビ栽培を増やし、自給食糧であるサツマイモや米の栽培面積を減らしてしまったことから、深刻な食糧難となった。毒性のあるソテツの実や幹を食糧とせざるをえず、「ソテツ地獄」と呼ばれる状況に陥った。

貧困に陥った人々は、沖縄を離れ、県外の紡績工場や造船所など、各種工場へ出稼ぎに向かった。海外移民事業により、国外へ移り住むものもあった。移住先はハワイ、ブラジル、ペルー、アルゼンチン、フィリピン、シンガポールなど広範囲にわたった。

コラム サトウキビ

サトウキビは沖縄の基幹作物といわれる。光合成効率が高く高温・乾燥に耐えるよう適応したC４植物の代表的作物で、強風や水不足などに比較的強い。

原産地は南太平洋パプアニューギニア周辺など諸説がある。沖縄にはインドや中国を経由して伝わり、15世紀初頭には栽培されていた。１６２３年に琉球の儀間真常が中国に使者を出してサトウキビから砂糖を作る技術を確立したといわれる。砂糖は琉球の貴重な輸出品だった。

明治以降も沖縄の重要作物だったサトウキビは沖縄戦で壊滅状態となるが、戦後再び生産が拡大した。１９６４年度には生産量が戦前戦後を通じて最高の２４３万トンに増大したが、国際価格下落などの環境変化もあり徐々に落ち込んでいった。

１９９０年代半ば以降、県内の年間生産量は１００万トンを下回って推移している。農家の高齢化や技術開発、機械化推進など課題は多いが、サトウキビは今も沖縄農家の約７割が栽培し、栽培面積の約４割、農業産出額の約２割を占める。特に離島では経済・社会を支え続ける存在だ。

製糖工場に運び込まれるサトウキビ＝2015年12月、うるま市

サトウキビから砂糖を製造した後に残る糖蜜は、ガソリンの代替燃料として期待されるバイオエタノールの原料や家畜のえさにもなる。搾りかす（バガス）は製糖工場の燃料や堆肥として利用される。食物繊維が豊富なバガスは食品添加物のほか、衣料品素材やコンクリート混和材などとしても注目されている。新たな未来へ可能性は広がる。

沖縄戦の悲劇と戦後体制

１９３０年代、昭和恐慌下にあった日本は、戦時色を深めた。１９３７（昭和12）年に日中戦争が勃発すると、国家総動員法（１９３８年）などにより、各種の経済統制が敷かれた。言論も統制され、琉球新報、沖縄朝日新聞、沖縄日報の3社が統合されて沖縄新報となった。各種統制の影響を受けた寄留商人のなかには、帰郷するものもあった。

１９４１（昭和16）年夏頃には、沖縄本島の中城湾や西表島の船浮湾に、南方からの軍事物資輸送を支援するための陸軍要塞が建設された。さらに１９４３（昭和18）年頃から、県内各地に飛行場や陣地・壕などの軍事施設が建設された。こうした工事を、國場組や沖縄土木建築工業（大城組などの17社で組織）など、県内建設業者が請け負った。建設作業には外徴用工や動員学徒などを含め、多数の人々が参加した。沖縄は軍事要塞へと姿を変えていった。

１９４４（昭和19）年10月10日、那覇市を中心に米軍機による空爆がおこなわれた（10・10空襲）。同月12日には八重山諸島も空襲を受けた。やがて、鉄の暴風と呼ばれる地上戦が展開され、多数の人々が命を落とした。組織的な戦いとしての沖縄戦は１９４５（昭和20）年6月23日まで続いた（慰霊の日）。糸満市に設置された「平和の礎」には、２０２２（令和４）年6月23日時点で、24万1，６８６人の名が戦死者として刻まれている。

激しい戦闘により山河さえも姿を変えた沖縄は、日本本土から切り離され、米国の施政権下に置かれた。戦後は琉球列島米国民政府（ＵＳＣＡＲ）が設置され、その下に行政組織として琉球政府が置かれた。戦後直後の物資が極度に不足するなかで、経済活動が統制された。経済活動の再開は、

1948（昭和23）年に中央銀行としての機能をもつ琉球銀行が設立され、自由取引が認められるまで、待たなければならなかった。

戦後復興と企業活動

1950（昭和25）年、GHQ（連合国軍最高司令官総司令部）は沖縄に恒久的基地を建設することを決めた。これを背景に強制的な土地接収をともなった軍工事ブームが訪れた。公共工事や民間工事も本格化し、復興が進められた。こうした時代に存在感を示したのが、大城組の大城鎌吉（大扇会）、國場組の國場幸太郎（国和会）、琉球セメントの宮城仁四郎（琉展会）、オリオンビールの具志堅宗精（琉鵬会）であった。彼らは沖縄経済の四天王と呼ばれた。彼らは本業で経営基盤を固めると、関連・非関連事業への多角化を進めて企業グループを形成した。

経済四天王以外の企業の創業も相次いだ。オキコの仲田睦男、沖縄食糧の竹内和三郎、沖縄ツーリストの東 良恒、宮里政欣、第一企業（現在の沖縄ホーメル）の与世山 茂、金秀建設の呉屋秀信、金城キク商会の金城キク、サンエーの折田喜作、琉球火災（現在の大同火災海上保険）の當銘朝徳、拓南製鐵の古波津清昇、リウボウの宮里辰彦、琉球石油（現在のりゅうせき）の稲嶺一郎など、沖縄経済界を牽引する創業者・経営者が誕生した。こうした創業者のなかには、宮城仁四郎や具志堅宗精、當銘朝徳、宮里辰彦、与世山茂などのように、琉球政府の公職にあったものが、実業家へと転じたものもあった。米国民政府のなかに、「沖縄産業の恩人」と呼ばれたサムエル・C・オグレスビーのように、沖縄の工業振興に力を尽くしたものもあった。

このように、米国統治下の沖縄では地元の人々が主体となって、新たな企業・産業が創出された。戦前に寄留商人や尚家財閥が沖縄経済の主要な担い手であったことを考えれば、大きな変化であった。悲惨な戦争を経て、地域の復興を望む心が、幾多の苦難を乗り越える原動力となった。

本土復帰と観光産業の振興

米国統治下時代、沖縄は米国の経済、社会、文化の影響を大きく受けた。しかし、その状況も米国の軍事政策の見直しや日本の経済発展などを背景に、しだいに変化した。沖縄の内部から米国統治への反発もあり、1972（昭和47）年5月15日に本土復帰が実現した。

経営者にとって本土復帰は、企業存続の脅威であり、機会でもあった。まず、脅威と映ったのが、日本本土からの製品流入ならびに企業進出であった。沖縄が米国統治下にあった時代に日本企業は急速に国際競争力を高め、日本を資本主義国中第2位の経済大国へと押し上げた。こうした企業の沖縄進出は、地元経営者に大きな不安を与えた。その対策として、県内外および外国資本企業との資本・技術提携が進められた。

一方で、本土復帰により新たな機会を得たのが、観光産業であった。本土復帰前から、戦没者慰霊や免税によるショッピングを目的とした観光客の来島はあったが、復帰後は海洋観光という新たな旅が企画された。沖縄本島西海岸を中心にリゾートホテルが建設されたほか、沖縄海洋博記念公園、首里城公園など観光関連施設が整備された。宿泊、飲食、土産品製造・販売など、成長市場が芽生えた。

コラム　経済四天王

具志堅宗精氏、大城鎌吉氏、國場幸太郎氏、宮城仁四郎氏の4人は「沖縄経済の四天王」として戦後沖縄の復興や経済発展に尽力し、日本復帰前後に経済界で活躍した。

4人の名前を知らなくても、彼らの功績や企業を知らない沖縄県民はほとんどいまい。東京商工リサーチ沖縄支店の調べた、2019年度の県内売上高ランキング上位100位にランクインする、オリオンビール、日本トランスオーシャン航空、那覇空港ビルディング、琉球セメント、國場組、ザ・テラスホテルズ―。いずれも四天王が創業したり成長させたりした企業で、現在の沖縄経済界を牽引している。

具志堅氏は、オリオンビール創業者として有名だ。みそやしょうゆ製造の赤マルソウを一大企業に成長させた後に、沖縄ビール（現・オリオンビール）を創業し、県内シェア9割獲得と一大産業を築き上げた。ホテル西武オリオンの開業や沖縄県民にとって歯磨き粉の代名詞でもある「コルゲート」の全国的な販売など、多産業で活躍した。

大城氏は、建設業の大城組を設立。南西航空（現・日本トランスオーシャン航空）や那覇空港ターミナル（現・那覇空港ビルディング）の立ち上げなどに携わった。それから60年余りたった今、那覇空港には第2滑走路が完成し、観光客が年間1千万人訪れる。今の沖縄観光の基礎を築いたとも言える。現在は売却されてしまったが、ホテルグランドキャッスルや百貨店大越（後の沖縄三越）は、那覇のシンボル的な存在として県民に愛された。

國場氏は、県内最大の建設業國場組を創業。ザ・テラスホテルズのホテル業、ゴルフ場などにも参入した。沖縄初のシネコンを導入した「スターシアターズ」の展開など、國場組を中心とする國和会系の企業は、県経済や県民の暮らしを豊かにしている。

宮城氏は、第一次産業の発展に大きく寄与した。製糖業振興の重要性を訴え、大東製糖を設立。パイナップルを基幹産業として成長させた功績者であり、たばこ、畜産、食品加工などにも事業を拡大した。琉球セメントの創業に携わり、米会社との資本・技術提携を成し遂げ事業化に成功。県内の建築資材供給に大きな役割を果たした。

沖縄観光産業は順調に成長・発展したわけでなく、オイルショック、バブル経済の崩壊、アメリカ同時多発テロ事件、リーマンショックなど、数々の困難を経験した。しかし、それらは一時的な外部環境的問題であり、沖縄観光の魅力を失わせるものではなかった。人々の努力により、観光産業は幾度となく難局を乗り越え、沖縄を国内屈指の観光地へと発展させた。

モノづくりの変化

20世紀後半、日本を取り巻く国際情勢が変化した。社会主義国の中国が改革開放を進め、経済体制を計画経済から市場経済へと転換した。先富論、白猫黒猫論などにより国民の意識を改革した中国は、工業国として世界経済の舞台に躍り出た。

この時代には、モノづくりにおける変化があった。かつて、日本企業は部品の形状や性能、機能などを相互に調整し、完成度の高い最終製品をつくりあげるインテグラル型のモノづくりをおこなっていた。日本的経営、日本的生産システムがこうしたモノづくりを可能にし、日本製品を世界でも競争力のあるものにした。

しかし、1990年代になると、モノづくりにおけるアーキテクチャ革命が起きた。モジュラー型のモノづくりの台頭であった。モジュラー型のモノづくりでは、事前に部品の接続部分が規格化されており、自社で部品の設計・開発をおこなわなくても市販の部品を調達し、それを組み合わせることで製品をつくることが可能になった。パソコン、スマートフォン、液晶テレビ、冷蔵庫、洗濯機など、さまざまな製品がモジュラー型のモノづくりにより生産された。インテグラル型のモノづくりに比べ、モジュラー型のモノづくりでは高品質な製品を生み出すことはできないが、低価格で適度な品質を保った製品をつくることができた。高度な機能や過剰な品質を不要と考える顧客層を中心に、市場を獲得した。

こうしたモジュラー型のモノづくりを展開したのが、中国をはじめとする東アジアの企業であった。特に中国は「世界の工場」と呼ばれ、存在感を高めた。対照的に価格競争に巻き込まれた日本企業の競争力低下が鮮明になった。やがて、経済発展を遂げた中国は「世界の市場」と呼ばれるまでに成長し、世界経済における地位を確立した。

このような情勢の変化は沖縄の産業創出の考えにも影響を与えた。モノづくりとは異なる分野での、産業創出が課題となった。候補のひとつとなったのが、情報通信（IT）分野であった。インドでのIT産業の発展にみられるように、IT分野はインターネットの接続ができるような場であれば、周辺に関連産業がなくとも飛び地的に成立できる可能性があった。高度な技術が要求されるイメージがあるが、プログラミングが手作業でおこなわれるため、労働集約的な産業としての側面をもっている。雇用創出という点で、失業率が高い沖縄にマッチした産業として注目された。

ただ、増大するプログラミング作業を背景に、その解決手段としての人工知能（AI）の開発も急速に進められている。技術変化が激しい領域でもある。IT産業では価値を生み出す源泉が土地ではなく、人間の頭脳にある。農業や工業では制約となっていた立地的不利を克服できる可能性がある。

また、米国のGAFAM（Google、Apple、Facebook（現在のMeta）、Amazon、Microsoft）や中国のBATH（Baidu、Alibaba、Tencent、Huawei）といったプラットフォーマーが市場を支配する体制にある。グローバルに広がるデジタル世界で活躍できる創造性豊かな人材、語学力を有する人材を輩出する必要がある。

アジアへの関心

21世紀になると、貿易摩擦、軍事的対立などにより、アジアを取り巻く国際的な政治環境は複雑さを増した。一方で、経済的な交流は活発になった。沖縄が地理的にアジアに近いことを優位として捉え、ビジネスチャンスをつかもうとする動きも出てきた。海外に暮らす沖縄県系人約41万人とのネットワーク構築や、文化的近似性を基盤にした東アジアでの商取引の開始などであった。また、グローバル化、デジタル化の波に合わせた新たな動きが、個別企業レベルで生じた。

琉球王国時代から、沖縄の人々は海外に飛び出し、他国の文化を寛容に受け入れ、それらを独自にアレンジしてきた歴史を有している。それは小国の人々が生き延びるために選択したものであったが、時代の流れにただ翻弄されるのではなく、主体性をもって果敢に挑戦したその姿は、今日の企業経営に大きな示唆を与えるものとなっている。

近年、IT、製薬、エンターテイメントなど、多様な分野で沖縄らしさを活かした産業の創出が試みられている。自らが立脚する場の歴史や文化を見つめ直すことで、新たな可能性を見つけ出そうとしている。

3 県内各業界のあゆみ

銀行

沖縄における銀行の歴史は、廃琉置県後の1880（明治13）年に、鹿児島の士族・松田通信《みちのぶ》が第百五十二国立銀行を設立したことに始まる。同行は士族銀行であり、士族ならびに商人、官公庁からの預金を商人へ貸付けていた。ただ、松方デフレの影響や役員による埋立事業への投資の失敗により、1888（明治21）年に営業を停止した。その後、同行の業務は、鹿児島の第百四十七銀行沖縄支店に引き継がれた。

一方、旧士族の模合《もあい》から発展したものに、1888年に設立された同興会や共保軒があった。両行は1900（明治33）年に合同し、尚家関連資本の沖縄銀行（現在の沖縄銀行とは無関係）となった。

こうした金融機関の誕生に刺激を受け、沖縄での銀行設立の動きが活発化した。1889（明治22）年に、県知事・奈良原繁の勧奨により、沖縄県農工銀行が設立された。また1905（明治38）年には、日露戦争関連公債と傷痍軍人に対する一時賜金を原資に、国頭銀行（1907年に沖縄共立銀行へと発展的に解消された）が設立された。1907（明治40）年には那覇の有志と寄留商人により、那覇商業銀行が創設された。このほか同年には、国頭銀行の有志により、沖縄実業銀行が設立された。

ただ、やがて乱立した銀行の統廃合が進んだ。1919（大正8）年に沖縄共立銀行と沖縄実業銀行が合併し、沖縄産業銀行となった。また、1922（大正11）年に沖縄農工銀行が日本勧業銀行に合併され、日本勧業銀行那覇支店となった。さらに、大戦景気後の慢性的な不況の時代に突入すると、沖縄銀行、沖縄産業銀行、那覇商業銀行の三行が解散・合同し、１９２５（大正14）年に沖縄興業銀行となった。

戦後は１９４８（昭和23）年に琉球列島米国軍政府布令第1号により、琉球銀行が設立された。資本金の51％を米国軍政府が、残りの49％を地元自治体が出資した。琉球銀行は通貨発行権、不動産債権の発行権、金融機関の監督統制権などを有しており、中央銀行としての役割を担った。

琉球銀行設立の翌年（１９４９年）からは無尽業法にしたがい、那覇無尽、沖縄無尽、宮古共栄無尽、八重山無尽、みやこ無尽、南陽無尽、三和無尽が設立された。これら無尽会社は１９５３（昭和28）年に相互銀行法が公布されると相互銀行へ転換した。さらに、１９５３年に那覇商工信用協同組合（後の沖縄信用金庫）、１９５４（昭和29）年に胡差商工信用協同組合（現在のコザ信用金庫）、１９５６（昭和31）年に沖縄銀行（戦前の沖縄銀行とは別会社）などに設立免許が出され、多数の金融機関が誕生した。

ただ、短期間のうちに金融機関が乱立したことで、過当競争が繰り広げられた。行政による金融機関の検査・監督も甘くなった。こうしたことを背景に、各行では架空預金、不当支出、違法貸付、横領、贈収賄などといった汚職、不祥事が発生した。琉球政府金融検査部は、各金融機関への金融検査を実施し、経営的に問題のある銀行での経営陣の刷新と銀行間合併を進めたほか、業務改善命令を出した。キャラウェイ高等弁務官時代に行われた一連の動きはキャラウェイ旋風と呼ばれた。銀行の合併・統合が進められ結果、沖縄の金融は琉球銀行、沖縄銀行、中央相互銀行（現在の沖縄海邦銀行）、南洋相互銀行（後に沖縄銀行へ吸収）、那覇商工信協（後の沖縄信用金庫）、コザ商工信協（現在のコザ信用金庫）などへ集約された。このほか、１９６６（昭和41）年には沖縄県労働金庫も設立された。

コラム キャラウェイ旋風

就任後初の定例会見で記者団の質問に答えるキャラウェイ高等弁務官(左)=1961年4月6日、那覇市の米民政府会議室

米軍統治下時代の1960年代前半、第3代高等弁務官を務めたポール・W・キャラウェイ氏は、絶対的な権限をバックに政治、経済両面に介入した。その強硬姿勢は「キャラウェイ旋風」と呼ばれ、当時の沖縄に大きな波紋を巻き起こした。

キャラウェイ氏が特に辣腕を振るったのは金融機関の改革だった。当時沖縄では、銀行9行、損保4社など金融機関19社が乱立。これら金融機関では、政財界との癒着による乱脈融資などの不正行為の疑いが指摘されていた。

キャラウェイ氏は1962年8月、高等弁務官布令37号を改正し、琉球政府金融検査部の権限や独立性を強化。同検査部は金融秩序の確立を目指し、徹底した検査に乗り出した。

同検査部は金融機関の不正を相次いで告発、捜査当局が刑事事件として次々に立件していった。その徹底ぶりは粛正の様相が強く、キャラウェイ氏が離任する1964年7月までのわずか1年半で、銀行は9行から4行に減り、金融機関は19社から12社に淘汰された。

キャラウェイ氏は在任中の1963年3月5日、米国留学帰還者の親睦団体・金門クラブの定例夕食会でスピーチし「沖縄の自治とは神話にすぎない」と語っている。この発言は「自治神話論」と評され、沖縄住民から強い反発を招き、「圧政の代名詞」として人々の記憶に残るきっかけともなった。

戦後、沖縄の金融業界は琉球銀行、沖縄銀行の二大地方銀行を中心に展開された。特に１９８６（昭和61）年12月から１９９１（平成３）年２月まで続いた株式や不動産などの資産価格上昇をともなう好景気、いわゆるバブル景気が県経済や金融機関を大いに活気づけた。しかし、バブル経済が崩壊すると景気が冷え込み、長期不況の時代へと突入した。金融機関では不良債権問題が深刻化し、赤字転落、自己資本比率の低下がみられた。２００２（平成14）年には沖縄信用金庫が経営破綻し、コザ信用金庫に吸収合併された。県内金融機関の破綻・合併は本土復帰後初めてであった。

こうした状況に置かれ、琉球銀行は１９９９（平成11）年に４００億円の公的資金を導入し、経営の再構築を図った（公的資金は２０１０年に完済）。また、沖縄銀行は２００１（平成13）年に第三者割当による約１７５億円の増資を実施し、経営基盤強化を図った。なお、沖縄銀行は２０２１（令和３）年に持株会社体制へと移行し、沖縄銀行、おきぎん証券、沖銀リースなどにより構成されるおきなわフィナンシャルグループとなっている。

各行は政府による金融制度改革が進められるなか、店舗の統廃合、組織再編、人員削減といった改革を実施するほか、インターネットバンキングやモバイルバンキングといったデジタル化への対応を進めた。さらにローンや保険といった商品の拡充を図った。

一方で、その間に県外金融機関が沖縄市場への進出を開始した。２０１５（平成27）年に九州フィナンシャルグループの鹿児島銀行が那覇市に支店を開設した。同行の総資産は約４兆６，０００億円であり、琉球銀行、沖縄銀行のおよそ２倍という規模である。同行は不動産融資などにより、沖縄市場での定着を試みている。

また、２０１５年にはイオン銀行も沖縄へ店舗を開設し、業務を開始した。イオン銀行は全国でスーパーマーケットを展開するイオンが設立したもので、預金、カードローン、クレジットカード、投資信託・融資などの業務を展開している。同行はイオン琉球の店舗内にATMを開設するほか、沖縄海邦銀行とATMの相互利用提携を結ぶなど、沖縄市場への浸透を試みている。

前記金融機関以外にも、1959(昭和34)年に琉球銀行内部に設置された琉球復興金融基金が分離・独立し、琉球開発金融公社が設立された。同公社は本土復帰後に沖縄振興開発金融公庫と改称している。政府系金融機関として、一般金融機関がおこなう金融業務の補完的な役割を担っている。

保険

1948(昭和23)年、米国民政府令18号により、嘉数昇(沖縄大学の母体である嘉数学園を設立)らによって琉球生命が設立された。同社は米国民政府の代理機関として、基地建設関連労務者を対象とする労働者賠償保険を取り扱った。1952(昭和27)年には生命保険会社としての認可を得て、本格的に生命保険事業に参入した。琉球生命は沖縄生命(1960年設立)と並び、二大生命保険会社となった。琉球銀行、沖縄銀行などの地元金融機関、有力企業に出資したほか、新日本製鐵、川崎製鐵、東京電力、関西電力など、日本を代表的する企業にも融資した。

しかし、日本本土の生命保険会社と比べ、琉球生命の規模は小さなものであった。そのため、本土復帰後の1973(昭和48)年に東京・大阪に拠点を置く日本生命と業務提携を結び、さらに1975(昭和50)年に全契約を日本生命に包括移転し、解散した。

沖縄の本土復帰は保険業界の再編を促した。琉球生命とともに沖縄の生命保険業をリードした沖縄生命も、再保険契約を結んでいた協栄生命に保険契約を承継するとともに、社員を協栄生命に移籍させて消滅した。

戦後には、生命保険会社以外に、損害保険会社も設立された。1950(昭和25)年、沖縄民政府の財政部部長であった當銘朝徳により、琉球火災(後の大同火災海上保険)が設立された。琉球火災は東京海上と火災保険の再保険特約を結び、保険業務を開始した。軍工事の入札ならびに住宅建築の融資を受ける際には、保険の加入が義務づけられていた。その損害保険の需要を琉球火災が取り込んだ。

琉球火災に続き、1953(昭和28)年には沖縄火災が、1954(昭和29)年には南西火災が、1961(昭和36)年には球陽自動車が設立された。ただ、これら損害保険会社は、キャラウェイ旋風に巻き込まれることになる。1963(昭和38)年、琉球火災、沖縄火災、南西火災の3社は、不正摘発を受けて金融検査がおこなわれ、役員が刷新された。このうち沖縄火災と南西火災に合併勧告がなされ、対等合併により共和火災が誕生した。さらに共和火災と球陽自動車の合併勧告もなされた。球陽自動車の保険契約ならびに財産を共和火災に移転し、両社の合併がなされた。

また、1972(昭和47)年の本土復帰を前に、復帰対策として琉球火災と共和火災が合併し、1971(昭和46)年に大同火災海上保険が誕生した。新会社の社長に那覇市出身の上江洲由正が就任した。こうして、米国統治下で誕生した沖縄の損保会社は大同火災海上保険に統合された。同社は国内20番目の損害保険会社となった。本土復帰後の2年目に、沖縄の保険市場は本土企業に開放されることになったが、本土損害保険各社は紳士協定により、5年間は市場参入を控えることとした。しかし実際には、1975(昭和50)年の沖縄国際海洋博覧会を目前に14社が沖縄に進出した。

本土復帰後、大同火災海上保険は企業合併に伴う混乱のなかにあり、経営的な落ち着きを取り戻すには時間を要した。こうしたなか、1978（昭和53）年に交通方法変更、いわゆる730（ナナサンマル）を迎えた。交通事故の増加が予想され、保険金支払いの急増が懸念された。しかし、実際には政府や地元自治体、警察など関係機関による対策と努力、そして県民による慎重な運転の実施と意識の高まりにより、当初多発した交通事故はしだいに減少した。これ以降、大同火災海上保険の経営が安定した。

なお、本土復帰後に沖縄県の自動車保険、自賠責保険の料率は本土よりも低価な保険料が適用され、今日まで引き継がれている。これは当時の県民所得が本土の60％程度の水準であったことから政府が県民に適用した配慮であり、米軍統治時代の歴史が生んだ遺産のひとつとなった。

損害保険業界は1996（平成8）年の保険業法改正により、保険の自由化が進められた。かつての護送船団方式が解体されたことで業界全体を巻き込む大規模な企業合併・再編がなされ、中小規模の損害保険会社が激減した。現在、損保業界は3メガ損保体制（東京海上日動、三井住友海上、損保ジャパン）となるほか、ネット損保などの新規参入も相次ぎ、競争が激しさを増している。こうしたなかにあって、大同火災海上保険は国内唯一のローカル損保として、極めてユニークな存在となっている。

マスコミ

報道分野では、1893（明治26）年に尚家資本により、新聞社の琉球新報（現在の琉球新報とは別会社）が設立された。このほか、1905（明治38）年に寄留商人系資本の沖縄新聞が、1908（明治41）年に地元民間資本系の沖縄毎日新聞が創刊された。これら以外にも新聞社の創設が相次ぎ、激しい競争が繰り広げられた。

やがて、1940（昭和15）年に1県1紙制度が実施されると、琉球新報、沖縄朝日新聞（1915年創刊）、沖縄日報（1931年創刊）の3社が統合され、沖縄新報となった。しかし、沖縄戦の開戦によって新聞発行が不可能になると、事実上の廃刊となった。

1945（昭和20）年7月26日、沖縄を占領した米軍政府は、元沖縄新報の社員を集めてウルマ新報を発刊させた。やがて、1946（昭和21）年に沖縄民政府が発足するとウルマ新報は、うるま新報へと名称を変えた。うるま新報は米軍政府ならびに沖縄民政府の機関紙に指定された。1947（昭和22）年4月、うるま新報は民間企業へと移行し、さらに1951（昭和26）年9月10日に、社名を琉球新報へと改めた。戦前の琉球新報とは資本が異なる別会社であったが、旧琉球新報の社長・主筆でもあった社長の又吉康和らが題字やブランドを引き継いだ。

やがて、うるま新報に続き、沖縄タイムス（1948年7月1日創刊）、沖縄毎日新聞（1948年7月12日創刊、のち廃刊）、沖縄ヘラルド（1949年12月12日創刊、のち廃刊）、琉球日報（1950年2月12日創刊、のち廃刊）が設立された。沖縄タイムスは琉球新報と並ぶ、沖縄の代表的な新聞社となった。

戦後はラジオやテレビの放送・放映も本格化した。戦前、沖縄では熊本や台湾から東亜中継放送などのラジオ電波を受信していたが、1942（昭和17）年になると、日本放送協会沖縄放送局が首里市（現在の那覇市）にて放送を開始した。しかし、同放送局は1945年3月23日の米軍による空襲で放送機器が破壊され、放送機能を停止した。まもなく、沖縄から撤退した。

戦後は１９４９（昭和24）年に、石川市（現在のうるま市）にて、米軍の指令でラジオの試験放送がおこなわれた。そして、首里城跡地に琉球大学が建設されると、キャンパス内にラジオのスタジオが設置された。その後、沖縄タイムスの幹部と米軍政府当局者の話し合いにより、１９５４（昭和29）年に琉球放送（ＲＢＣ）が開局した。当初、琉球放送は琉大財団の管理下にあったが、１９５８（昭和33）年に全放送施設を買い取り、独立した。

１９５７（昭和32）年には、３人の米国人キリスト教徒により、極東放送が設立された。同社は沖縄戦で傷ついた住民の精神的ケアを目的にしており、米国の教会からの寄付金で運営された。本土復帰を迎えると、日本の放送法で宗教放送局が認められていなかったことから、同社は財団法人極東放送に経営権を移行した。さらに、変調方式をＡＭ放送からＦＭ放送へ切り替えるとともに、極東放送を解散して新たにエフエム沖縄として開局した。

１９６０（昭和35）年には、琉球新報の全面的支援を受け、ラジオ沖縄（ＲＯＫ）が開局した。ラジオ沖縄は琉球新報、沖縄テレビ放送（ＯＴＶ）と友好関係を築き、選挙の立会演説会、選挙速報、スポーツイベントなどで共同企画事業を展開した。

また、１９６７（昭和42）年には、沖縄の本土復帰を見越し、特殊法人の沖縄放送協会（ＯＨＫ）が設立された。同協会は本土復帰の際に、ＮＨＫ沖縄放送局として改組された。戦前の日本放送協会沖縄放送局の業務を移譲するかたちをとり、開局を１９４２年としている。

一方、沖縄におけるテレビ放送は、１９５５（昭和30）年に米軍テレビ（ＡＦＲＴＳ・ＵＳ８チャンネル）が英語放送を開始した。その後、琉球政府行政主席で那覇市出身の當間重剛を代表に民間テレビの開設準備が進められ、１９５９（昭和34）年11月に沖縄テレビ放送が開局した。１９６０年には琉球放送もテレビ放映を開始したほか、1995（平成7）年に琉球朝日放送（QAB）が開局し、沖縄のテレビは民間3局体制となった。

建設業

戦前・戦後を通じて、沖縄の主要産業へと発展したのが建設業であった。1920（大正9）年、大宜味村出身の大城鎌吉が大城組を設立した。大城組は戦時経済下で、企業17社との合同で沖縄土木建築工業を設立し、仲泊や与那原の軍事物資陸揚・集積場、島尻一帯の陣地・壕の構築を請け負った。戦後は、建設分野以外にも百貨店の大越百貨店（後の沖縄三越）、空港ビルの那覇空港ターミナル、港湾運送の那覇港運、映画の琉球映画貿易など、さまざまな事業分野へ参入した。大城組は大扇会と称する企業グループを組織し、沖縄を代表する企業となった。

1931（昭和6）年には、国頭村出身の國場幸太郎が那覇にて國場組を設立した。國場は1923（大正12）年の関東大震災直後に上京し、復興に取り組むさまざまな建設会社に勤務しながら、コンクリート建造技術などを習得した。那覇で國場組を設立してからは大規模工事を受注したほか、戦時経済体制下で、小禄飛行場の拡張・整備をはじめ、陸・海軍の装備工事を請け負った。戦後は米軍関係工事のほかに、琉球政府庁舎や那覇中央郵便局などの工事を受注した。國場組は建設事業のみならず、セメント販売の小野田セメント沖縄地区代理店、事務機の沖縄ゼロックス、ホテルのムーンホテルズアンドリゾーツ、ザ・テラスホテルズなどへ事業を多角化した。國場組は國和会を組織し、沖縄を代表する企業グループのひとつとなった。

戦後の1947（昭和22）年には、西原村（現在の西原町）出身の呉屋秀信により、金秀鉄工（後の金秀建設）が設立された。同社の歴史は、呉屋が18歳の時に自宅の庭で鍛冶屋を起こしたことに始まる。彼は戦争で荒れ果てた地域の復興を目指し、農機具を製作した。やがて金秀鉄工所を設立し、精米機や船舶用エンジンなどの各種機械を製作するようになった。その後、軍工事ブームが訪れると、建設業にも参入し、事業を拡大した。呉屋は建設業以外にも、建設資材販売の金秀鋼材、金秀アルミ、小売業の金秀商事（タウンプラザかねひで）、健康食品の金秀バイオ、リゾート施設運営の喜瀬ビーチパレス、恩納マリンビューパレス、ゴルフ場経営の喜瀬カントリークラブなどへも事業を広げた。金秀グループもまた沖縄経済をリードする存在となった。

1949（昭和24）年には、戦前に南洋諸島で飛行場、道路、港湾、橋梁などの建設に携わった比嘉敬栄組の元経営幹部らにより、南洋土建が設立された。同社は那覇市のガーブ川改修工事や屋我地大橋の再建工事、那覇大橋工事、那覇病院工事、大東島の滑走路工事などを受注した。

1950（昭和25）年には、前田有瑩により、屋部村（現在の名護市）にて屋部土建が設立された。同社の歴史は、1933（昭和8）年に前田有瑩が創業した個人事業に遡る。戦後、同社は戦争で破壊された橋梁や家屋の建設に従事した。大型作業船やプラント船などを積極的に導入し、護岸や漁港整備といった海上土木分野にもいち早く取り組んだ。その後、会社を引き継いだ前田裕継は不動産やホテル事業にも進出し、ゆがふいん おきなわ、ゆがふいん ＢＩＳＥ、ホテルマハイナ ウェルネスリゾートオキナワなど、北部地域を中心とする観光関連事業を展開した。2009（平成21）年には、ゆがふホールディングスを設立した。

また、1950年には名護にて、新垣善助により新垣産業が創業した。新垣材木店として誕生した同社は、2代目の新垣誠福のときにさらに飛躍的な発展をみた。同社はブロックや道路用コンクリート側溝を製造したほか、鉄筋やセメントなどの建築資材を取り扱った。さらに、1983（昭和58）年には住宅建築事業に参入したほか、名桜大学の開学を機に賃貸物件の仲介管理業務を強化した。不動産部門は同社の中心的な事業となった。

1950（昭和25）年には、与那原町にて照屋正義により照正組が創業した。同社は土木工事のほかに、アパートの建築・管理に事業を拡大した。入居者管理や建物の補修・管理など、アパート経営の支援において知名度を高めた。照正興産、ほがらか苑、てるまさリースなど、てるまさグループとして多様な事業を展開している。

1962（昭和37）年には、宮古島にて下地米一により、大米建設が設立された。陸上運送業を営んでいた下地は、サトウキビ運搬の閑散期にトラックを活用することを目的に、1963（昭和38）年頃から土木請負業務に進出し、さらに1968（昭和43）年に建設部門を併設した。同社は沖縄の本土復帰を境に、離島を中心とする公共工事を受注した。1982（昭和57）年には本社を那覇市へ移転し、事業を拡大した。大米建設は海運の南西海運、航空のヘリエアー沖縄、観光の沖縄トラベル、オーシャンリゾート宮古島、飲食の大福フード、書店の沖縄宮脇書店などにも進出した。1990（平成2）年には米和会（現在は大米グループ）を組織し、グループ企業として各事業を運営した。

1966（昭和41）年には、仲本興成が米軍工事を主たる業務とする仲本工業を設立した。同社は米軍のフェンス工事を一手に引き受けるなど、事業活動を展開した。とりわけ、ベトナム戦争特需や海洋博関連工事を背景に、飛躍的な成長を遂げた。

1966年には、上門工業が設立された。シャッターやサッシの取り付け工事から事業をはじめ、

コラム 沖縄の産業まつり

「沖縄の産業まつり」は、毎年秋に那覇市で開かれる県内最大の総合産業展だ。県と県工業連合会などの実行委員会が主催しており、県産品の販路拡大や品質向上に大きな役割を果たしてきた。沖縄のものづくりに親しむことができる「お祭り」としても県民に広く定着している。

最初の開催は復帰5年後の1977（昭和52）年。沖縄国際海洋博覧会後の不況が県内を覆っていた時期で、地産地消を推進し、地場産業の活性化で危機を克服しようと企画された。まつりは年々拡大し、出展数は初回の75から2016年の第40回には552に増えた。対象も製造業に限らず全産業に広がっている。

県産品奨励運動は1954（昭和29）年に始まった島産品愛用運動が起源だ。島産品（シマーグヮー）が粗悪品のように称された戦後の苦難を経て、古酒やアグー、海ブドウなどの沖縄ブランド品が海外でも広く注目を集める時代になった。

県は経済団体などの要請を踏まえ、県内企業への優先発注と県産品の優先使用基本方針を18年度に改定し、公共工事などを対象としてきた優先発注の範囲を「県が発注する業務全般」に拡大した。国や市町村、民間にも県産品の優先使用を要請すると掲げた。産業まつりを核とした県産品奨励活動の成果と言えよう。

一方でまつりは「沖縄発本土行き」を目標に掲げ、県外・海外市場拡大に向けた品質や技術の向上を県内企業に促し続けている。コロナ禍の2020年の第44回には規模縮小を余儀なくされた一方、オンライン開催の試みが始まった。「沖縄発世界」の新たな展開にも期待がかかる。

多くの人でにぎわう第40回「沖縄の産業まつり」=2016年10月、那覇市の奥武山公園

建物や鉄塔などの鉄骨工事、公共や民間の土木工事へと事業を広げた。石油中継・備蓄基地のタンク関連工事や米軍基地関連工事など、多様な事業を展開した。

1969（昭和44）年には、仲泊弘次により東村にて東土建が設立された。同社は設立から3年目に社名を東開発へと変更した。東村ならびに北部一帯を開発し、地域振興に寄与したいという想いが、社名に込められた。同社は1975（昭和50）年から生コン事業に進出したほか、不動産開発にも着手した。特に、名護市宇茂佐地域一帯、約5万坪の開発は同社にとって大きな事業となった。東開発は地域住民の求めに応じ、北部観光バス、名桜ボウル、沖縄スイミングスクール名護校などの事業にも進出した。

1972（昭和47）年には、名嘉建設（現在の太名嘉組）が伊平屋村にて創業した。同社は1982（昭和57）年に浦添市に拠点を移し、公共施設やマンション、住宅などの建築工事のほかに、道路や橋などの土木工事、港湾工事、米軍関連工事を展開した。

製造業

1956（昭和31）年、鉄屑輸出業を営んでいた東風平村（現在の八重瀬町）出身の古波津清昇により、拓南伸鉄（現在の拓南製鐵）が設立された。古波津は沖縄戦で破壊された戦車や艦船、戦闘機などの鉄屑を、住宅用鉄筋として加工することで、台風から住民の生命や財産を守ろうとした。やがて島内から鉄筋加工に適した大きさの鉄が取り尽されると、規格外の鉄屑を溶解して加工するために電気炉を所有し、事業を拡大した。その後、拓南製鐵は拓伸会を形成し、製鉄事業を中心に各種事業へ多角化した。沖縄での鉄筋コンクリート住宅の普及に貢献した。

1959（昭和34）年には、大東糖業社長で大宜味村出身の宮城仁四郎により、琉球セメントが設立された。屋部村（現在の名護市）での産業創出計画が、同社設立のきっかけとなった。屋部村安和には良質な石灰石が存在し、さらに副資材となる粘土も調達可能であった。また、輸送上の立地条件などにも恵まれていた。宮城は米国のパーマネント・セメント（後のカイザー・セメント）と資本・技術提携を結び、事業を始めた。その後、宮城は琉球セメントを中核に、琉球煙草、沖縄製缶、琉球殖産、大東パイン、北大東糖業、波照間製糖、中央畜産、中央食品加工、総合紙器、琉球洋酒、琉球生コン、琉球ゴルフ、リウエンなど、沖縄の基幹産業に関わる企業およそ20社を設立した。このグループ企業は琉展会と称するようになる。宮城は「沖縄の産業復興の父」と呼ばれた。

1967（昭和42）年には、昭和製紙が創業した。同社は米軍基地から廃棄される模造紙やダンボールなどの古紙類を利用し、トイレットペーパーを生産した。ロール状のトイレットペーパーのほかに、板チリ紙や打ち紙《うかび》（紙銭）など、県民のニーズに合わせた製品を開発した。やがて県民の生活水準が向上して古紙の排出が増え、さらに各自治体による古紙回収事業が進むと、県内発生古紙のみで製品を生産するようになった。

印刷

1950（昭和25）年には、本部町出身の外間政憲が光文堂印刷所（現在の光文堂コミュニケーションズ）を創業した。同社はタバコの包装紙、オリオンビールのラベル、電話帳などの印刷業務を受注し、売上を伸ばした。活版印刷が主流であった時代に、いち早くオフセット印刷を導入した。沖縄国際海洋博覧会、海邦国体、世界のウチナーンチュ大会をはじめ、全国植樹祭、九州・沖縄サミットなど歴史に残る印刷物を担当し、県内印刷業界を牽引した。また、広告代理店サン・エージェンシーや東京支店を設立するなど、印刷事業を中核に多様化する顧客のニーズに応えて業務拡充をはかり、立体的な事業展開を進めている。

1966(昭和41)年には、文進印刷に勤めていた伊平屋村出身の与那覇正俊により、丸正印刷が設立された。名古屋の印刷機材メーカーが名刺印刷機の売り込みに来た際に応対したのが与那覇であり、文進印刷社長の諸見幸進が与那覇の独立を後押したことで、丸正印刷を設立するに至った。与那覇は名古屋のメーカーから名刺印刷機を購入し、文進印刷から名刺印刷業務を請け負いながら、一般印刷へ事業を拡大させた。彼は本土復帰により金融関係書類が大きく変わるとみて、本土に何度も足を運び、小切手や手形、証書、帳票類について学んだ。そして、本土復帰により諸書類が変更されると、いち早く商品を提供した。同社の売り上げは伸び、沖縄の印刷業界を代表する企業のひとつとなった。

1967(昭和42)年には、近代美術が創業した。同社は銀行の紙幣袋など、封筒を中心に事業を始めた。やがて、印刷業務を軸に、広告代理業として事業を発展させた。地域活性化、ホテル・観光、流通・小売に業種を分け、それぞれの領域に合わせた企画・提案をおこなった。沖縄の広告分野において大きな存在となっている。

本土復帰前、沖縄では多数の印刷業者が存在していたが、そのほとんどは中小・零細規模であった。そのため、本土復帰後の県外企業との競争激化が懸念された。そこで復帰対策として、点在する業者を一カ所に集めて集団化し、機械の共同化や共同受注、共同調達により、生産性を高める試みがなされた。こうして1973（昭和48）年、沖縄県の工場等集団化事業として、南風原町兼城に沖縄印刷団地が造成された。初代理事長には、イニシアチブで協業化を進めてきた光文堂印刷社長の外間政憲が就任した。同団地には平版、凸版、軽印刷、製版、製本、写植など、12の業者が入所した。

沖縄印刷団地には、約2万㎡の工場敷地に、4棟（4，763㎡）の建物が建設された。建物内には新鋭の印刷機38台のほかに、共同作業場、共同倉庫、研究室が設けられた。さらに、従業員の福利厚生施設や保健室、食堂、売店、共同浴場、教育訓練施設なども置かれた。土地取得費、建物建設費・共同施設費、機械購入費など、総額6億円という事業規模であった。

2021（令和3）年時点で、光文堂コミュニケーションズ、サン印刷、うるま印刷、マルトク印刷、沖縄高速印刷、沖縄製本、沖縄県印刷工業組合、沖縄印刷団地協同組合、福山商事が同団地で事業を営んでおり、沖縄印刷業の中心的な地となっている。

製糖業

戦前の沖縄ではサトウキビ栽培とそれを原料にする製糖業が、県の基幹産業であった。1906（明治39）年、沖縄における分蜜糖製造、糖業に関わる研究、県内での機械制製糖工場の設置などを目的に、西原村（現在の西原町）に臨時糖業改良事務局が設置された。

こうしたなか、1910（明治43）年に北谷村嘉手納（現在の嘉手納町）にて沖縄製糖が設立された。同社は1914（大正3）年に分蜜糖の生産を開始した。やがて台湾へも進出し、社名を沖台拓殖製糖（後に台南製糖へ社名を変更）へと変えた。

さらに、1916（大正5）年に沖縄製糖（先述の沖縄製糖とは別会社）、1919（大正8）年に宮古製糖が設立されるなど、沖縄の製糖業が本格化した。また、台湾に本社を置く東洋製糖が沖縄の製糖会社の買収に乗り出し、大東島や八重山の製糖会社を傘下に置いた。後年、東洋精糖は1927（昭和2）年に大日本製糖に吸収・合併された。

戦後は、宮城仁四郎が南大東島での糖業再開の許可を得て、1950（昭和25）年に大東糖業を設立した。これに刺激され、沖縄各地で製糖会社が設立された。1951（昭和26）年に南部製糖（後の翔南製糖）、1952（昭和27）年に沖縄製糖、1959（昭和34）年に北部製糖、宮古製糖などが誕生した。2015（平成27）年には、サトウキビ栽培の減少を背景に、翔南製糖と球陽製糖が合併し、ゆがふ製糖となった。

食品・飲料

1950年、首里にて具志堅宗精（後にオリオンビール創業）、宗発の兄弟により、具志堅味噌醤油が設立された。同社は1988（昭和63）年に赤マルソウへと社名を変更している。本土大手企業との価格競争が厳しさを増すなか、同社はしだいに九州の同業他社に味噌、醤油の生産を委託するようになった。一方で、自社では「沖縄豚肉みそ」や「シークヮーサーこしょう」などの加工食品を生産し、事業の中核をシフトさせている。

1951年には、具志堅秀一により、ぐしけんパン（現在のぐしけん）が設立された。同社は食パンや菓子パンの製造のほかに、ベーカリーやカフェの「マルコポーロ」を展開している。オキコとと

コラム　食料品製造業

アチコーコーが特徴の島豆腐の製造作業
（国頭村桃原の「やんばる家玉栄」）

製造業を中心とした第2次産業が乏しい沖縄県だが、沖縄の独自の食文化を担う食料品製造業は昔から盛んで、多くの中小事業者が産業を支えている。

沖縄県民のソウルフードとも言われる沖縄そば。沖縄に麺類が伝わったのは450～500年前に中国からと考えられている。沖縄戦後は米軍から無償で配給されていたメリケン粉（小麦粉）で沖縄そば作りが始まった。戦争で夫を失った女性たちが商売として食堂を始めるようになると、食堂に沖縄そばを納入する製麺所が各地に増えていった。

1976年、沖縄そばは「そば粉」を使わないため「そば」の呼称を用いるのはふさわしくないと公正取引委員会から注文が付いた。県内の製麺事業者は名称保護のため国側と交渉を重ね、ついに1978年10月17日、同委員会から「沖縄そば」の呼称が認められた。これを記念し、毎年10月17日は「沖縄そばの日」に制定されている。

アチコーコー（熱々）の島豆腐も、1972年の日本復帰に伴って適用された食品衛生法に基づき、豆腐を水にさらして販売することが沖縄の製造業者に義務付けられるところだった。本土の豆腐は水槽の中で冷やし、冷蔵庫に保管して出荷するのに対し、沖縄の島豆腐は水にさらさず、温かいままでまな板に載せて裸売りするのが慣例だった。ここでも業界が一丸となって沖縄独特の食文化を訴えた。これにより2年後の1974年、島内の流通に限って温かい豆腐を販売する方法が特例として認められることとなった。

もに、沖縄の代表的なパン製造企業へと成長した。

1953（昭和28）年には、瓦やレンガを製造していた沖縄興業が業態転換し、菓子や麺類の生産を開始した。同社は1960（昭和35）年に社名をオキコと改め、食品メーカーとしての知名度を高めた。さらに、敷島製パンと技術提携を結んで製パン事業に参入するなど、事業の多角化を進めた。創業者で伊是名村出身の仲田睦男は、北部製糖、沖縄明治乳業、琉球肥料を傘下に置く睦グループを形成し、沖縄の食品産業をリードした。

1956（昭和31）年には、宜野湾市にてジミーグロセリー（現在のジミー）が創業した。創業者は稲嶺盛保であった。稲嶺は米軍基地内での軍作業に従事するなかで、アメリカの豊かな食文化を目のあたりにした。この食文化を沖縄の人々に伝えることを目的に、輸入雑貨ならびに焼き立てパンやアップルパイを提供する店を開いた。創業者のニックネームであったジミーを社名にした。当初、稲嶺は店内で焼いたパンを、基地内の家庭や県内の商店へ外販した。しかし、ドルショックやオイルショックの影響を受け、やがて経営不振に陥ると外販を打ち切り、スーパーマーケット、レストラン、ベーカリーに事業を特化し、経営を建て直した。世界各国から菓子づくりを学ぶとともに、エンターテイメント性を取り入れた商品を提供した。ジミーの菓子やパンは、沖縄の人々の食生活のなかに溶け込んでいった。

1959（昭和34）年には、与世山 茂が第一企業（現在の沖縄ホーメル）を設立した。与世山は琉球政府行政主席官房長官など、政府の要職を歴任した人物であった。彼は沖縄経済の欠陥が農業の貧困にあると考え、農業の付加価値を高めることを目的に、第一企業を設立した。第一企業では、地元農家から買い入れた畜産物を原料に、ハム、ベーコン、ソーセージ、ポークランチョンミート、コンビーフハッシュなどを生産した。やがて本土復帰が間近に迫り、企業間競争の激化が懸念されると、米国ホーメルと資本・技術提携を結び、事業を成長・発展させた。

1968（昭和43）年には、熊本県出身の土肥健一がサン食品を設立した。同社は食品加工から事業をはじめ、次第に沖縄そばの生産に特化した。沖縄の本土復帰により、そば粉を使用していない沖縄そばの、名称の使用が禁止されることになったが、沖縄県生麺協同組合理事長を務めていた土肥が中心となって省庁と掛け合い、特殊名称として「本場沖縄そば」の登録許可を得た。やがて、サン食品は沖縄そばの生産において、最大のメーカーとなった。

1977（昭和52）年には沖縄ハムが設立された。同社は沖縄の伝統的な豚肉料理が沖縄経済の原点にあると考え、その加工食品を県内外に供給することを試みた。ハムやソーセージをはじめ、レトルトパック化した琉球料理など、沖縄の畜産・農産品を使った製品を開発した。同社製品は県外でも高く評価され、県外販売額が県内販売額を上回るようになった。

飲料においては、1946（昭和21）年に米軍管理下で、ザ コカ・コーラ エクスポート コーポレーション沖縄支店が設立された。同社は浦添村伊祖の丘陵地にボトリング工場を置き、米軍人とその家族にコーラを提供した。一般市民への販売は、1951（昭和26）年に又吉世澤が販売権を得たことで実現された。その後、同社の経営を東京コカ・コーラ ボトリングの高梨仁三郎が引き継ぎ、市場での地位を固めた。

1955（昭和30）年には、渡嘉敷村出身で新洋商会を営んでいた新垣守が、福岡県に拠点を置くアミノ酸ヤクトールと代理店契約を結び、沖縄アミノ酸ヤクトール本舗を設立した。新垣は沖縄の食文化への貢献と食生活の改善を目指して新垣牧場を開設したほか、重度の病を患う乳児の入院手術・治療を費用面で支援した。沖縄の本土復帰が決まると、新垣は東京に本社を置く森永乳業と資本・技術提携を結んだ。その際に社名を沖縄森永乳業に変更した。

戦後、沖縄ではさまざまな製造業が誕生するが、そのなかで代表的な存在となったのがオリオンビールであった。同社は1957(昭和32)年に、元宮古民政府知事で、赤マルソウを経営していた那覇市出身の具志堅宗精により設立された。地元産品が「シマーグヮー」と呼ばれて見下されるなか、具志堅は地元の若者や経営者を鼓舞するために、60歳にしてビール会社を起業した。オリオンビールは沖縄製造業の成長を示すシンボル的な製品となった。具志堅はビール事業以外にも、琉球製油、琉球アスファルト工業、全琉球商事、ホテルロイヤルオリオン、オリオン嵐山ゴルフ倶楽部などを創設し、オリオンビールを中心とする琉鵬会を組織した。

オリオンビールは1990(平成2)年頃には、県内ビール市場において約8割のシェアを握る企業となった。しかし、やがて消費者嗜好の多様化への対応に失敗し、市場シェアを落とした。2010年代後半には同シェアは5割台となった。ビール市場を巡る競争が激化するなか、オリオンビールは2019(平成31)年1月に、野村ホールディングスと米国の投資ファンド・カーライルの資本を受け入れることを決めた。同年3月にTOB(株式公開買付け)が成立し、野村とカーライルが570億円でオリオンビール株の92・75%を取得した。オリオンビールはファンド傘下で、競争力の強化を試みている。

泡盛

琉球王国時代からの伝統を引き継ぎ、産業への発展をみたのが泡盛であった。泡盛は首里城の東側

コラム　ビールと泡盛

沖縄県内で販売される泡盛や県産ビールは、復帰特別措置法に基づいて酒税が軽減されてきた。軽減割合は泡盛が35％、オリオンビールが20％となっている。

もともとは、沖縄の日本復帰に伴って酒類製品が高騰して家計を圧迫したり、地場の酒造メーカーが本土製品との競合で経営難に陥ったりしないようにという「激変緩和」のための時限措置だった。現在（2020年時点）まで10回の延長を繰り返して、酒税の軽減が続いている。

琉球王国時代は王府が泡盛を管轄し、「首里三箇」とよばれた鳥堀、赤田、崎山でしか製造が認められていなかった。明治以降に離島を含めて全県に泡盛づくりが広がった。

現在46ある製造場のうち約4割が離島に存在する。各社とも経営規模が小さく、復帰に際にして危機感が強かった。そこで国は泡盛の酒税軽減と共に、酒税を管轄する沖縄国税事務所に主任鑑定官を置き、品質向上をバックアップする取り組みも重ねている。

オリオンビールは戦後の1957年、「沖縄経済の四天王」に数えられた具志堅宗精が創業した。上質な水を求めて名護市に工場を設け、那覇市の桜坂社交街に毎夜社員が繰り出す営業活動もあって県内最大のシェアを築いた。

一方で、2019年に日米の投資ファンドがオリオンビールの全株式を取得し、両社が出資する特定目的会社の完全子会社となった。

復帰50年を迎える中で、酒税軽減措置の存否も行方が注目される。

昔ながらの甕仕込み製法にこだわる石川酒造場の泡盛づくり

沖縄を代表する製品として親しまれるオリオンビール

に位置する鳥堀、崎山、赤田の首里三箇《しゅりさんか》と呼ばれる地域でつくられていた。同地域をルーツにもつ蔵元には、咲元酒造、瑞泉酒造、識名酒造、瑞穂酒造、新里酒造、崎山酒造廠がある。このうちの新里酒造は１８４６（弘化3）年に創業した、現存する最古の酒造所である。

明治になると、県内全域で泡盛の製造が認められ、各地に酒造所が設立された。１８９８（明治31）年には泡盛製造業者の数は７６０戸となった。たとえば、１９２８（昭和3）年に宮古島にて菊之露酒造が設立された。沖縄の島々は水資源に乏しかったが、宮古島には天然ろ過された豊かな水があった。その水を仕込み水に、泡盛がつくられた。

県内各地で新たな酒造所が誕生した泡盛業界であったが、酒税法の改正や経済不況の影響を受け、１９３１（昭和6）年には製造業者の数が82戸となった。酒造業者らは１９２８年に沖縄県酒造組合連合会を組織し、業界における価格の安定や、品質の向上を図った。

沖縄戦では、県内各地の酒造所も大きな被害を受けた。建物は破壊され、琉球王国時代から貯蔵されてきた古酒《クース》も失われた。ただ、沖縄戦で失われたと思われていた黒麹菌が、酒造所の土のなかに埋もれていた麹米づくり用のゴザ（ニクブク）から奇跡的に見つかった。これにより、泡盛づくりが再開された。

一方、戦後に沖縄各地で密造酒がつくられた。粗悪なものが混ざっていたことから、米軍政府は酒造工場の復活を認め、五つの官営工業を設置した。これを機に、戦前に小売店で量り売りされていた泡盛は、容器に詰められ、さらに銘柄入りのラベルを貼って、販売されるようになった。

ただ、ウィスキーやビールといった洋酒が普及すると、泡盛の出荷量が減少した。泡盛業界では、製造技術の進歩による品質の向上、新製品の開発、低価格化などにより、需要の回復を目指した。県外出荷に向けての改良も試みられた。たとえば、瑞泉酒造の佐久本政敦は長期貯蔵・熟成のための設備投資を試みた。経営的にみれば資金繰りが苦しくなるが、品質を向上させることで泡盛のイメージを高めようとした。関係者の努力により、泡盛の出荷量はやがて増加に転じた。

首里を出自とする伝統的な酒造メーカーに加わり、戦後は新興企業の躍進が目立った。久米島町の久米島の久米仙（旧社名、仲里酒造）、読谷村の比嘉酒造、糸満市のまさひろ酒造、名護市のヘリオス酒造などであった。特に1949（昭和24）年に創業した久米島の久米仙は急成長を遂げ、県内最大の泡盛メーカーとなった。

離島においては、1948（昭和23）年に宮古島にて多良川酒造が設立された。酒造所周辺に豊富な湧き水があったことにちなみ、「多良川」と命名された。また1949年には、石垣島で運送業を営んでいた漢那憲副により、漢那酒屋（現在の請福酒造）が設立された。酒造りの素人であった漢那は、鹿児島の焼酎メーカーでノウハウを習得し、事業を始めた。1955（昭和30）年には、石垣島にて製菓業を営んでいた座喜味盛光により、座喜味酒造（現在の八重泉酒造）が設立された。座喜味が会社移転のために購入した土地が酒造所であったことから、酒造業に参入した。

泡盛製造には洋酒メーカーも参入した。1979（昭和54）年、サトウキビを原料にラム酒を製造していた名護市のヘリオス酒造（1961年創業）が、泡盛の製造を開始した。1991（平成3）年に発売した樽仕込みの古酒「くら」がヒットし、同社は新興の泡盛メーカーとして注目された。

沖縄ブームの到来、企業による新ブランドの投入などにより、泡盛の消費量は増加した。2004（平成16）年には、泡盛の総移出数量は過去最高の2万7，688kℓに達した。しかし、このときをピークに泡盛の消費量は減少に向かった。2019（令和元）年には、総移出数量が1万5，965kℓ

となり、2004（平成16）年のピーク時からおよそ40％減少した。

一方、泡盛業界では、琉球王国時代からの伝統を受け継ぎつつ新たな試みもなされている。久米仙酒造（1952年創業）では、泡盛とコーヒーを組み合わせた泡盛コーヒーを発売し、ヒット商品となった。以降、シークワサーやアセロラなどを組み合わせた商品を発売した。

また、まさひろ酒造では、泡盛製造の技術や経験、沖縄産の素材を活かし、四大スピッツのひとつであるジンの製造を試みた。世界的なウィスキー原酒不足を背景にジンの需要が高まるなか、まさひろ酒造は沖縄発のクラフトジンの製造に成功した。

このほか、2004年にはラム酒製造のグレイス・ラムが設立された。同社は沖縄電力の社内ベンチャー制度のなかから誕生した。創業者となった金城祐子は、南大東島のサトウキビを原料に無添加・無着色のラム酒を製造した。

泡盛業界は沖縄本土復帰時に特別措置により酒税が軽減された。しかし、復帰から50年が経ち、同措置は段階的に廃止されることとなった。

飲食・ファストフード

米国統治下時代、沖縄は米国の社会・経済・文化的な影響を受けた。1963（昭和38）年に、米軍基地内で乳製品を販売していたフォーモストが、浦添市牧港にブルーシール Big Dip 牧港店を開いた。同社は1976（昭和51）年に社名をフォーモストブルーシールへ改めた。米国本社のレシピをもとに、沖縄の気候風土に合わせたオリジナルのアイスクリームを開発し、常時30種類以上の商品を提供した。ブルーシールアイスクリームはアメリカ生まれ、沖縄育ちのアイスクリームとして、県民に親しまれている。同社は１９９６（平成８）年に名古屋に拠点を置くポッカコーポレーションに株式譲渡され、さらに２０１３（平成25）年にポッカコーポレーションとサッポロ飲料が経営統合されたことから、現在はサッポロホールディングスの傘下企業となっている。

また、１９６３年には北中城村屋宜原にて、ふたりの米国人アダムス（Dick Adams）とバーンズ（J. Barns）により、ドライブインレストランのエイアンドダブリュ（Ａ＆Ｗ）が営業をはじめた。同社は米国に拠点を置くＡ＆Ｗのフランチャイズ店であった。日本初のハンバーガーチェーン店であるドムドムハンバーガーの設立が１９７０（昭和45）年、そして日本マクドナルドの設立が１９７１年であったことから、沖縄では早い時期にハンバーガーチェーン店が開業したことになる。Ａ＆Ｗ屋宜原店の建築工事を請け負ったのが、パークサイド住宅の平良幸雄であった。平良は2号店となる牧港店の開業時に、共同経営者としてＡ＆Ｗの事業に参加した。やがて、１９７０（昭和45）年にアダムとバーンズが帰国すると、平良がＡ＆Ｗの経営権を引き継いだ。

Ａ＆Ｗではパテをオーストラリア人経営の食肉輸入会社であるイバノ（後のイバノ商会）から調達していた。また、バンズを当初はジローベーカリーから、後にホンコンベーカリーから調達していた。平良は１９７４（昭和49）年にイバノ商会に出資して関係会社とし、また１９７７（昭和52）年にホンコンベーカリーを買収し、主要食材を自社調達した。

このほか、１９８６（昭和61）年にはＡ＆Ｗのフランチャイズ店であったエイアンドダブリュ与那原が独立し、新たにジェフ沖縄となった。ゴーヤーバーガーや、ぬーやるバーガーなどといった独自の商品を開発し、沖縄のファストフード市場に定着した。

２００２（平成14）年には、沖縄市のゴヤ市場にある上間天ぷらからの暖簾分けにより、沖縄市登川にて上間弁当天ぷら店が創業した。同店は沖縄天ぷらや弁当の販売により人気店となったが、経営管理の問題から、多額の負債を抱えた。同店を事業承継した上間喜壽は、財務管理を中心とする経営再建を試みた。ＰＯＳと会計を連動させたシステムを自社で開発し、原価率や粗利益を可視化した。やがて経営状況が改善し、同社は中部地区を中心に複数の店舗を展開できるまでになった。２０１９（令和元）年には、沖縄ファミリーマートとのコラボで、コンビニエンスストアでの天ぷら販売も開始した。さらに、同社は天ぷら店の経営再建で得た知識や経験をもとに、中小・個人事業者向けの経営コンサルティング事業にも参入した。

交通

明治期まで、沖縄の主な交通機関は馬車や人力車であった。海上では沖縄本島北部と那覇、読谷、与那原間を結ぶ山原船《やんばるせん》が往来していた。20世紀に入り道路が整備されると、那覇と地方を結ぶ街道を荷馬車が往来するようになった。

１９１４（大正３）年には、沖縄県営鉄道が那覇—与那原間で開通し、さらに１９２２（大正11）年に那覇と中部西海岸を結ぶ嘉手納線が、１９２３（大正12）年に那覇と南部を結ぶ糸満線が開通し、人や物の往来が活発になった。沖縄県営鉄道は、汽車よりも小型で、安価に建設された軽便《けいべん》鉄道であった。県民は親しみを込めてこれを「ケービン」と呼んだ。その後、沖縄県営鉄道は沖縄戦により破壊され、歴史に幕を閉じた。

1915（大正4）年には、那覇と名護を結ぶ国頭街道が開通し、1917（大正6）年より乗合自動車が運行した。乗合乗用車はフォードのモデルTを使用した8名乗りのもので、徒歩で2日かかった那覇と名護の移動を、3時間に短縮した。米国ロサンゼルスで運送会社を営んでいた名護出身の山入端隣次郎が沖縄自動車を設立したほか、南陽自動車、新垣自動車が那覇—名護間の乗合自動車業に参入した。

昭和になると、モデルTに代わってボンネットバスが導入され、乗客の収容数が増えた。バスは他の交通機関を利便性で上回った。1933（昭和8）年には那覇—首里間を運航していた電車が廃業へと追い込まれた。県内でバス会社の設立が相次ぎ、1940（昭和15）年にはその数は10社となった。バスは路線を拡大し、県民の足として活躍した。

戦後は沖縄民政府による陸運業務がはじまり、1947（昭和22）年に公営バスが発足した。公営バスは佐敷村（現在の南城市）に管理所を置き、軍用トラックを改装して業務を開始した。1949（昭和24）年になるとガリオア資金を活用し、沖縄運輸と合同トラックが設立された。さらに、1950（昭和25）年になると戦前のバス業者を株主とする協同バスや、戦前からの首里市営バスが設立された。

このほか1950年には、公営バスの従業員が株主となって、沖縄バスが設立された。沖縄バスの社長に、公営バスの管理所長であった中山良輔が就任した。沖縄バスは従業員数119名という規模で事業を開始し、那覇・安里の本社を中心に、糸満、石川、辺士名、名護などに出張所を設けた。

このように、戦後は鉄道に代わり、バスやトラックが主な交通手段となった。バス会社は多いときには14社が設立されて乱立した状況になるが、やがて統廃合が進み、琉球バス、沖縄バス、那覇交通、東陽バスの4社に集約された。

21世紀になると、沖縄のバス業界は厳しい経営状況に置かれた。バス会社4社と沖縄県、沖縄総合事務局との間で4社の路線バス部門の統合が試みられたものの、負債補償の問題を克服できず、計画は失敗に終わった。こうしたなか、2002（平成14）年に東陽バス、2003（平成15）年に那覇交通、2005（平成17）年に琉球バスが民事再生法の適用を申請し、事実上倒産した。東陽バスが会社分割により事業再生を試みたほか、那覇交通と琉球バスが北九州に拠点を置く第一交通産業の傘下に入った。第一交通は観光・路線バスの買収と並行して、タクシー、ハイヤー事業にも参入した。

1982（昭和57）年には、交通渋滞の緩和を目的に、沖縄都市モノレールが第三セクター方式で設立された。沖縄における鉄道事業については、採算性などの課題を巡って議論が続いた。そのため、モノレールの軌道本体の工事は1996（平成8）年まで待たなければならなかった。ようやく2003年8月10日に開通した同社の「ゆいレール」は、那覇空港駅と首里駅の間、約12・9kmを結ぶものとなった。開業からしばらく赤字経営が続いたが、2015（平成27）年度に経常利益の黒字化に成功した。また、2019（令和元）年に首里駅から、てだこ浦西駅までの約4kmの路線を延伸し、総営業距離をおよそ17kmとした。

エネルギー

沖縄での電気事業は、1910（明治43）年に那覇市にて沖縄電気会社が設立されたことに始まる。

その後、大正から昭和にかけて、名護電灯、宮古電灯、八重山電気が設立され、官公庁や商店、都市部の住宅に電気が供給された。ただ、やがて軍国主義が強まると、国家総動員法にもとづき配電が統制され、軍需用供給が優先された。沖縄の電気事業者は九州配電に統合された。そして沖縄戦に突入すると、沖縄全域の発配電設備が破壊され、電気事業者が消滅した。

戦後は電灯照明への需要から、米軍払い下げの小型発電機を改良した電気供給業者が、各地に誕生した。一方、米軍は嘉手納や那覇などに基地を建設し、そこに発電所を設置して電力を供給した。やがてガリオア資金を活用して牧港発電所が建設されると、米軍基地以外の住民への電力供給が計画された。米国民政府は1954(昭和29)年に琉球電力公社を設立して発送電部門を担わせ、配電部門を民間企業に委ねた。その後、全島電力系統運営権が米国民政府から琉球電力公社に移管された。琉球電力公社は金武発電所を建設するなど、電力の安定供給に努めた。本土復帰後、琉球電力公社は1972(昭和47)年に特殊法人の沖縄電力となり、さらに1988(昭和63)年に民営化された。沖縄電力は建設業の沖電工、沖縄エネテック、沖縄新エネ開発、沖設備や、電気事業周辺関連事業の沖電企業、沖縄プラント工業、沖縄電機工業、そして情報通信事業の沖縄グローバルシステムズ、ファーストライディングテクノロジー、不動産事業の沖電開発などにより構成される百添会を組織した。

戦後、電力以外にも、さまざまなエネルギー関連企業が誕生した。1950(昭和25)年、本部町出身の稲嶺一郎が中心となり石油販売会社の琉球石油(現在のりゅうせき)が創業した。戦後、沖縄においては米国のカルテックス(現在のシェブロン)が米軍政府との間に契約を結び、石油製品を独占的に販売していた。その民間への石油製品販売を、琉球石油が担った。同社は1991(平成3)年に社名を、りゅうせきに改めた。りゅうせきは、サービスステーションやカー用品店のオートバックスを運営するりゅうせきライフサポートや、ａｕショップ・カーブス運営・人材サービス・システム開発のりゅうせきフロントライン、住宅建設や公共工事、油槽所や給油設備の建設・メンテナンスをおこなうりゅうせき建設、介護施設の運営をおこなうりゅうせきケアプロなどへ事業を拡大した。りゅうせきネットワークはエネルギー分野を中心に、県民の生活基盤を支える存在となった。

１９５８（昭和33）年には湧川三兄弟のひとりで今帰仁村出身の湧川善三郎により、沖縄瓦斯（現在の沖縄ガス）が設立された。薪や木炭が家庭用燃料の中心であった時代、同社は１９６０（昭和35）年から那覇市を中心とする周辺市町村で、都市ガスの供給を開始した。

エネルギー分野においては、経済開発を目的とした外資の導入も進められた。そのひとつが、１９６８（昭和43）年に設立されたエッソ・スタンダード沖縄（現在の南西石油）であった。同社は西原製油所を建設し、ガソリン、軽油、重油、灯油などの石油製品を生産した。同社は本土復帰後に南西石油へと社名を改称し、２００５年（平成17）度に沖縄県内企業売上高ランキングで首位に立つなど、存在感を高めた。南西石油は東燃ゼネラル石油（現在のＥＮＥＯＳ）の傘下にあったが、２００８（平成20）年にブラジルの半官半民企業であるペトロブラスに株式の87・5％を譲渡し、ブラジル資本企業となった。そして２０１０（平成22）年には、ペトロブラスの完全子会社となった。しかし、採算の悪化や設備の老朽化により、２０１５（平成27）年に石油精製事業を停止した。２０１６（平成28）年には、太陽石油がペトロブラスから南西石油の全株式を取得し、完全子会社とした。

このほか１９７３（昭和48）年には、三菱石油（現在のＪＸＴＧエナジー）と丸善石油（現在のコスモ石油）の共同出資により、沖縄石油基地が設立された。同社は与那城村（現在のうるま市）の宮城島にCTS（原油中継基地）を建設し、石油中継・備蓄基地としての役割を担った。

海運・空輸

沖縄における海運事業は、1887（明治20）年に尚家資本の広運社が設立されたことで、本格化した。同社は5〜600トンクラスの汽船「球陽丸」を購入し、那覇、大島、鹿児島、神戸、大阪の間を運航した。球陽丸の乗組員の多くは首里出身の困窮士族であった。しかし、三井系の大阪商船、三菱系の日本郵船、鹿児島系寄留商人の鹿児島郵船が沖縄航路に参入すると、競争が激化した。特に、政府支援を受けた大阪商船との競争は熾烈なものであった。やがて広運社は大阪商船に事業を売却し、消滅した。

戦後は1950（昭和25）年に米軍政府直轄の琉球海運部が民営化され、琉球海運が設立された。琉球政府や地元市町村・企業が出資した。宜野湾村（現在の宜野湾市）出身の弁護士で、海運部部長であった桃原茂太が社長に就任した。琉球海運はガリオア資金により自社船を購入し、宮古、八重山、奄美大島などの離島周辺の海上輸送にあたった。やがて、日本本土の海運会社が沖縄航路に参入すると、代理店業務を受託し、海運経営に関するノウハウを蓄積した。こうした経験をもとに、しだいに日本本土まで航路を伸ばした。

沖縄の本土復帰が決まると、琉球海運は海洋博覧会開催に向けて貨客船を新造するなど、新たな時代への対応を急いだ。公共事業の活発化にともなう資材輸送の急増や、本土行きの船客の増加を背景に、売上げを伸ばした。ところが、オイルショックなどの影響から海洋博覧会への観光客数が伸び悩み、さらに海洋博関連の公共事業が完了すると、海洋博後遺症と呼ばれた深刻な不況が訪れた。琉球海運は経営危機に陥り、１９７６（昭和51）年に更生法手続き開始の申し立てをおこなった。１９７９（昭和54）年に再建計画案を提出し、資本金9億8，３００万円を１００％減資するとともに、新たに1億円の出資を募り、経営再建を進めた。社内体制を改めるとともに、競合企業との共同運航を実施するなどして、コスト削減と運賃の適正化を図った。こうした努力が実り、１９８６（昭和61）年に累積損失金を解消した。同社は沖縄経済を支える海上輸送を担う存在となり、港湾事業（沖縄港運、沖縄荷役サービス、宮古港運、八重山港運）、一般貨物輸送・利用運送事業（沖縄急送、沖縄輸送サービス、九州輸送サービス）、倉庫・配送センター事業（琉海ロジスティック、国際輸送）など、17社を傘下に置く総合物流グループを形成した。２０１９（令和元）年には台湾事務所を開設するなど、成長著しい東アジアへの参入も試みている。

１９５０（昭和25）年には、鹿児島県・与論村（現在の与論町）出身の有村喬により、有村産業が設立された。同社は沖縄本島と先島、台湾を結ぶ航路を開設した。空路の整備が進み、運賃引き下げなどの競争が繰り広げられるなかで、同社はクルーズ船を次々と運航した。しかしこの戦略は失敗し、１９９９（平成11）年に約２９1億円の負債を抱え、会社更生法の申請手続きをおこなった。この負債額は、当時の沖縄では過去に例をみない巨額なものであった。その後、有村産業は沖縄電力を中心とする地元財界の支援を受けて経営再建を試みた。ただ、２００８（平成20）年に最大の債権者であった鉄道建設・運輸施設整備支援機構が再建計画の変更に反対したこと、また燃油支払いの現金決済を求められたことで運転資金に行き詰まり、経営破綻した。有村産業は２０１２（平成24）年に清算され、消滅した。

空輸においては、1967(昭和42)年に南西航空(現在の日本トランスオーシャン航空)が誕生した。戦後、沖縄ではエア・アメリカが那覇と先島、先島間を結ぶ航路を運航していたが、機体の不調・故障やパイロットの人件費などの問題のために、経営的に行き詰まった。そこで地元資本と日本航空が運航権を獲得し、事業を継続した。南西航空はしだいに路線を日本本土にまで拡張した。そして1993(平成5)年に、日本トランスオーシャン航空へと社名を変更した。

2009(平成21)年には、ANA(全日空)が那覇空港を拠点とする新たな国際貨物ビジネスを開始した。同社はハブ・アンド・スポーク物流システムを導入し、経済成長を遂げるアジアでの物流ビジネスを展開した。沖縄は東京や大阪などの都市から離れた場にあるが、地理的にみると、半径1,000㎞以内に台北、上海、福岡が、半径2,000㎞以内にマニラ、香港、北京、ソウル、東京がある。東アジアの主要都市をカバーできる位置にあり、空路で4時間圏内に、約20億人の人口を抱える巨大マーケットが存在する。ANAは那覇空港を24時間運用することで、アジア主要都市間での貨物の翌日配送を実現した。国際物流ハブ事業は2020(令和2)年に発生した新型コロナウイルス(COVID-19)の影響を受けたが、琉球王国時代の海洋貿易国家の姿を想起させる同事業は、沖縄での新たな事業の可能性を示すものとなっている。

物流

1950年、ガリオア物資の保管を主たる業務として、沖縄中央倉庫(後の琉球中央倉庫、現在の琉球物流)が設立された。初代社長に那覇市出身の平敷慶久が就任した。倉庫業として事業を開始した同社は、１９６０（昭和35）年に日本通運と代理店契約を結び、物流分野へ進出した。海上貨物輸送、自動車輸送、重機建設、船舶代理店、通関、梱包、美術品輸送、国際輸送、倉庫、引っ越しなど、さまざまなサービスを提供した。琉球物流は総合物流企業として、重要な役割を担った。

１９６４（昭和39）年には、新垣安二により、琉球通運が設立された。語学に長けた新垣は、米軍人・軍属の海外および島内の引っ越しを主たる業務に、事業を開始した。ベトナム戦争時には、ＩＢＭ製品の倉庫・配送センターとしての仕事を請け負い、経営基盤を固めた。本土復帰を機に貨物量が増えると、同社の売り上げが増加した。しかし、同時に資金繰りの問題が発生した。同社は１９７６（昭和51）年に会社整理の適用を受け、経営再建を試みた。その後、再建計画は順調に進み、１９８７（昭和62）年に会社更生の終結が認められた。同社はホテル搬入作業や米軍貨物サービスなど、他社と異なる分野を担う総合物流企業となった。

１９６７（昭和42）年には、伊良部町（現在の宮古島市）出身の安里信秀が安信運送（現在のあんしん）を設立した。安里は１９６５（昭和40）年よりオート三輪車で客船や貨物船の荷物を運ぶビジネスを手掛けており、やがて会社を設立するに至った。同社は荷物の輸送のみならず、梱包、荷役、保管、加工などを請け負い、総合物流企業へと発展した。同社は各企業の荷物を集荷したあとに物流センターで仕分けし、配送・納品する共同配送の仕組みを構築した。配送コストの削減や検品・納品業務の効率化を図った。

このほか１９８５（昭和60）年には、東京に拠点を置くヤマト運輸が、宅配サービス「宅急便」を展開するために、沖縄ヤマト運輸を創設した。また１９８６（昭和61）年には、西濃運輸からの到着貨物の配送業務を請け負っていた国洋運輸が、西濃運輸と資本提携を結び、カンガルー沖縄西濃運輸

（現在の沖縄西濃運輸）を設立した。沖縄の物流分野に、日本本土からの企業参入が相次いだ。

卸売

沖縄の卸・小売業において、先駆的な存在となったのが寄留商人であった。廃琉置県の頃に、鹿児島を中心とする全国各地から、寄留商人たちが来沖した。彼らは当時としては最先端の販売手法を持ち込み、沖縄の商業活動を活発化させた。中馬商店や平尾商店などのように、沖縄政財界に大きな影響力を持つものも現れた。

寄留商人たちは沖縄で商品を販売するだけでなく、沖縄からの商品の移出にも携わった。特に大きな利益をもたらしたものが、砂糖であった。寄留商人たちは農家から砂糖を買い取り、大阪の市場で販売した。

寄留商人として訪れた人々のなかには、沖縄に定着するものもあった。たとえば、1920（大正9）年に9歳のときに福岡から来沖したものに高田豊がいた。彼は屋宜商店にて丁稚奉公として働き、17歳になると独立して高田茶舗を設立した。高田は日中戦争での出征のために一時的に沖縄を離れるが、1947（昭和22）年に再び戻り、店を再建した。高田商店はホテルのGRGホテル、アミューズメントのサラダボウル、自動車教習の波之上自動車学校、スイミングスクールの波之上スイミングスクールなどを運営するタカダグループへと発展した。

昭和期になると、地元資本の卸売商の創業が相次いだ。1933（昭和8）年、今帰仁村にて呉服雑貨の卸・小売として湧川商店（現在の湧川商会）が設立された。同社は衣料品のほかに雑貨や食料品を取り扱い、事業を拡大した。戦後の1951（昭和26）年には、那覇市安里の蔡温橋通りに店舗を移転し、卸売業における地位を確立した。

1933（昭和8）年には、儀間本店（現在のジーマ）も設立された。同社は事業の多角化を進め、日用雑貨の一次問屋であるジーマックスや、チルド食品製造の海洋食品、国内外の食料および酒類・肉類の販売を手掛けるジーマ・高瀬物産などを傘下に置く企業となった。

1934（昭和9）年には、美里村（現在の沖縄市）泡瀬にて、富村商事が設立された。同社は創業当時は小さな雑貨店であったが、終戦後に那覇・蔡温橋近くに店舗を移転し、食料品を取り扱うようになった。1950（昭和25）年に貿易体制が管理貿易から民間貿易へと移行すると、同社は缶詰の輸入業務を開始した。特に豚肉のランチョンミート（ポーク缶）において、デンマークのチューリップ社と共同で地元の人々の味覚に合わせた缶詰を開発した。チューリップ社製のランチョンミートは、ホーメル社のスパムとともに、沖縄の食卓にのぼる商品となった。

こうした卸問屋以外に、女性経営者による総合卸売商の設立も相次いだ。金城カネの金城商事、金城慶子の幸陽商事、照屋ウシの照屋商店などであった。糸満三羽ガラスと呼ばれた彼女たちは、創業当初に品質が悪かった琉球製糖の販売を引き受けて同社製品を黒糖に加工して販売した。また、沖縄製粉創設時にはリスクの高さから同社株の引き受け手が見つからないなかで、オキコの仲田睦男とともに同社へ出資し、事業を支援した。

1950年には新垣具郎商店が創業した。同社は1952（昭和27）年に那覇・松尾の浮島通りで鰹節を販売し、さらにガーブ川通りで鰹節、昆布、するめなどの乾物を卸・小売した。1975（昭和50）年頃からはスーパーマーケット向けの商品開発に取り組み、各種乾物を供給した。1991

（平成３）年に、同社は浦添市西洲の卸商業団地に本社を移転し、物流機能を強化している。

１９５３（昭和28）年には、麺類や果物類を扱う問屋として、許田商会が設立された。同社は明治乳業、徳島製粉、明治屋、サントリーの代理店となり、事業を拡大した。１９９０（平成２）年には那覇市松山の若松問屋街から卸商業団地に拠点を移し、経営基盤を固めた。

穀物卸売では、１９５０年に竹内和三郎により、沖縄食糧が設立された。竹内は大阪出身の両親のもと、那覇市にて生まれ育った。沖縄食糧は沖縄民政府がおこなっていた食糧配給業務を引き継ぎ、事業を始めた。戦後の食料不足のなか、同社は台湾、韓国、ミャンマー、オーストラリア、米国、スペインなど、世界各国で米を買い付け、食糧の安定供給に努めた。また、竹内は米国民政府との食糧問題に関する意見交換会のなかで、沖縄での製粉事業の必要性を説いた。米国民政府は竹内にその起業を命じ、１９５５（昭和30）年に沖縄製粉が設立された。

１９５６（昭和31）年には、琉球食糧が設立された。同社は60年以上にわたり県内のスーパーマーケットや飲食店に米穀を卸したが、原料玄米の値上がりや運送費高騰の影響を受け、厳しい経営状況に置かれた。２０２０（令和２）年には赤字が続いた米穀卸事業から撤退し、不動産事業に集中することを決めた。

このほか、１９５８（昭和33）年には、第一食糧も琉球政府から免許を取得し、食糧米の輸入ならびに配給業務を開始した。こうした企業活動により、沖縄での米穀消費量が増加した。沖縄の主食は戦前に芋であったものが、戦後は米に変わった。

百貨店・スーパーマーケット・コンビニエンスストア

戦前から戦後にかけて、小売として大きな存在を示したのが百貨店であった。1922（大正11）年、鹿児島に拠点を置く山形屋が沖縄支店を開設した。同社は正札販売や陳列式販売など、沖縄では珍しかった販売手法を導入した。沖縄山形屋は戦後ならびに本土復帰後も沖縄の百貨店業界をリードし、1991（平成3）年には売上高が約101億円に達した。しかし、郊外型店舗の増加や国際通りの集客力低下を背景に、しだいに売上を落とした。やがて債務超過に陥り、1999（平成11）年に閉店した。

1957（昭和32）年には大城組により、大越百貨店（後の沖縄三越）が設立された。大城組には百貨店経営のノウハウがなかったことから、沖縄出身者で、三越（現在の三越伊勢丹）の重役であった瀬長良直に支援を仰いだ。1970（昭和45）年には三越が大越百貨店に25%を出資し、沖縄三越と改称した。同店は1993（平成5）年に売上高が約119億円に達した。しかし、同社もやがて沖縄山形屋と同様に、厳しい経営環境に置かれた。沖縄銀行を中心に経営再建を試みるも、業績は回復しなかった。そのため、沖縄三越は三越の商標を返還し、2014（平成26）年に閉店した。

1954（昭和29）年には、琉球貿易商事が百貨店リウボウを開業した。国際通りに面するリウボウも前記の2社と同様に厳しい経営環境下に置かれた。しかし、同社はアジア市場に目を向け、インバウンド客の取り込みや海外でのイベント出店などにより、売り上げを伸ばした。2019（令和元）年に、リウボウインダストリーの売上高はおよそ181億7千万円に達した。同社は沖縄県内唯一の百貨店となっている。

本土復帰後に急成長したのが、スーパーマーケットであった。1970年、宮古島出身の折田喜作がサンエーを設立し、那覇市安里にてセルフサービス方式の総合衣料品店を開いた。サンエーは1977（昭和52）年に食品部門へ進出し、事業を拡大した。郊外出店を中心に経営基盤を固め、しだいに都市部への出店を加速させた。同社は人材育成に力を注ぎ、サンエーイズムと呼ばれる独自の企業文化を築いた。

サンエーは1985（昭和60）年のマチナトショッピングセンター（現在のサンエーマチナトシティ）の出店以降、県内各地に大型店舗を出店し、小型店舗との連動的な組み合わせによる出店戦略を展開した。また家電量販店のダイイチ（現在のエディオン）、外食のジョイフル、タリーズコーヒー、ドラッグストアーのマツモトキヨシ、コンビニエンスストアのローソン、小売の東急ハンズ、無印良品など、県外企業とフランチャイズ契約や業務提携を結び、事業を拡大した。2016（平成28）年には、ファッションビルを展開するパルコとの合弁でサンエー浦添西海岸PARCO CITYを出店するなど、沖縄小売業界の中心的な存在となった。サンエーは2006（平成18）年に東京証券取引所市場第一部に上場している。

1970年代から、沖縄県内ではスーパーマーケット分野の新規参入が相次いだ。1975（昭和50）年、日本最大の小売業であったダイエーが、那覇ショッパーズプラザ（後のダイエー那覇店）をオープンさせ、沖縄市場に参入した。同年、千葉県に拠点を置くプリマートも、フランチャイズ展開によるプリマート沖縄を設立し、沖縄に進出した。

こうした企業の出現に刺激を受け、1979（昭和54）年、南風原町の大城商店がファミリープラザ丸大を展開した。1983（昭和58）年には百貨店のリウボウも東京に拠点を置く西友との共同でリウボウ総合開発を設立し、リウボウストアを出店した。また同年には、金秀グループの金秀商事もタウンプラザかねひでを出店した。1984（昭和59）年には、野嵩商会が本島中南部を中心にフレッシュプラザ ユニオンを展開した。1970年代後半から1980年代前半にかけて、スーパーマーケットが沖縄小売業の主流となった。

ただ、スーパーマーケットの乱立により、やがて業界の再編も進んだ。1990（平成2）年に設立されたイオン系の沖縄ジャスコは、1993（平成5）年にジャスコ那覇店を開いて沖縄進出を本格化させ、さらに1999（平成11）年にプリマートを吸収・合併し、琉球ジャスコへと商号変更した。沖縄県内でイオン、マックスバリュ、ザ・ビッグなどの店舗を展開し、市場を獲得した。同社は2011（平成23）年に、イオン琉球へと社名を変更している。イオンスタイル豊崎店、イオンスタイルライカム店、イオン北谷店、イオン南風原店などの大型ショッピングモールを展開するなど、沖縄小売業界でサンエーに次ぐ、第2位の売り上げを誇る企業となっている。

小売業界においては、コンビニエンスストアの設立もみられた。1986（昭和61）年に沖縄スパー本部がホットスパー（後のココストア、2015年にファミリーマートに吸収合併）を開業したほか、1987（昭和62）年に、リウボウとファミリーマートが共同出資し、沖縄ファミリーマートを設立した。また、1997（平成9）年にはダイエー系のローソンが沖縄進出を果たした。ローソンは2009（平成21）年にサンエーと沖縄県内での業務提携を結んでローソン沖縄を設立し、サンエーに同社の発行済株式総数の51％を譲渡した。また、2019（令和元）年には、セブンイレブンが沖縄でのフランチャイズ店の募集を開始し、出店攻勢をかけた。金秀商事などがフランチャイズ契約を結び、県内での事業に参加した。このように、沖縄でコンビニエンスストアの出店が加速した。

自動車販売

戦後、米軍政府から貸与されたGMC 2トン半トラックが、疎開者や引揚者の移動、住宅建築資材の輸送などに使われた。また、1950(昭和25)年に民間バス会社が設立され、59台のバスが輸入された。自動車が沖縄における輸送手段の中心となった。

こうしたなか、1951(昭和26)年に沖縄トヨタ自動車販売が設立された。同社はトヨタ自動車販売と代理店契約を結び、琉球総代理店として小型トラックを中心とする自動車の輸入業務を開始した。日本電池(GSバッテリー)やブリヂストンと販売代理店契約を結んで補修部品の供給に努めたほか、米国のカイザーから「ヘンリーJ」を輸入し、一般乗用車を販売した。当初、自動車が配給制であったことから、経営状況は厳しかった。そのため、1954(昭和29)年に全役員が辞職し、専務であった名護町(現在の名護市)出身の野原朝康が社長に就任した。1954年に大型乗用タクシーの営業が、さらに1957(昭和32)年に小型タクシーの営業が許可されると、沖縄トヨタは、RSD型トヨペット・クラウンやトヨペット・ニュークラウンを輸入・販売した。トヨタ自動車が技術力を高め、日本車の評価が一変すると、輸入車からの買い替えが起きた。沖縄トヨタの業績は大幅に改善した。

1957年には、沖縄ラビット商会が設立された。同社は富士重工のラビットスクーター沖縄地区総代理店として事業を開始した。翌年に富士重工が軽四輪自動車「スバル三六〇」を発売すると、沖縄ラビット商会でも自動車を取り扱うようになった。創業から10年目にあたる1967（昭和42）年には、社名を沖縄スバルへと変えた。しかし、同社は2001（平成13）年に業績が悪化したため富士重工業の100％子会社となり、さらに社名を新沖縄スバルと改称している。

このほか、自動車販売店では、1950（昭和25）年に南洋貿易（1959年に沖縄マツダに社名変更）が東洋工業（現在のマツダ）から自動車を輸入したのをはじめ、1957（昭和32）年に沖縄日野自動車、1959（昭和34）年に沖縄ホンダ、1964（昭和39）年に琉球日産（1951年創立）、1970（昭和45）年にスズキ自販沖縄、1977（昭和52）年に琉球ダイハツ販売、1981（昭和56）年に琉球三菱自動車販売が設立された。

本土復帰後は中古車市場も拡大した。米国統治下時代、中古車を輸入する際には、乗用車に30～38％、バン、トラックに5％の物品税が課せられた。本土復帰により物品税が廃止され、日本本土からの中古車の仕入れが容易になると、中古車販売業者の数が増加した。沖縄に車社会が訪れた。

観光

戦後、日本本土から沖縄への来訪者が増えた。沖縄戦で家族や親族、知人を亡くした人々が慰霊に訪れたためであった。その後、舶来品を安く購入することができたことから、ショッピングを目的とした観光客も増えた。観光客の増加を受け、1968（昭和43）年に米国民政府は、沖縄の観光関連業者をハワイや米国本土へ派遣し、観光に関する調査・研究をおこなわせた。沖縄での観光産業の発展可能性を模索した。この調査の後、沖縄ホテルの宮里定三は沖縄県旅館環境衛生同業組合を結成し、宿泊業界の品質向上に努めた。彼は沖縄県観光連盟会長に就任するなど観光産業の発展に力を尽くし、「沖縄観光の父」と呼ばれた。

沖縄が本土復帰を果たすと、日本本土からの観光客がさらに増えた。1973（昭和48）年にパシフィックホテル那覇、ホテル日航グランドキャッスル（現在のダブルツリーbyヒルトン那覇首里城）が設立され、大規模な都市型ホテルが誕生した。また1975（昭和50）年にホテル・ムーンビーチ、1987（昭和62）年にかりゆしビーチリゾート恩納、1997（平成9）年にカヌチャベイリゾート、ザ・ブセナテラスなど、大型リゾートホテルが次々と誕生した。ハワイのホリデーイン・ワイキキの支配人であった桃原喜三が、ホテル日航グランドキャッスルなどの県内リゾートホテルの立ち上げや改革に協力した。ハワイをモデルとしたリゾート開発が進められた。

地元資本企業のほかに県外資本のホテルの進出も相次いだ。1975年に開業したANA系の沖縄ハーバービューホテルは、米国民政府職員や琉球政府高官、政官財各界の主要な人物を対象とした会員制社交クラブであるハーバービュー・クラブ（1952年開設）の跡地に建築された。ハーバービュー・クラブは米国統治下時代に沖縄の歴史が動いた場であった。同ホテルの開業は世替わりを映すものとなった。

このほか、1974（昭和49）年に沖縄都ホテル、1992（平成4）年にラグナガーデンホテル、1994（平成6）年にホテル日航アリビラなどが開業した。県外資本の沖縄進出にともない、リゾート地としてのイメージが定着した。

さらに、外国資本のホテルの開業も相次いだ。1988（昭和63）年にラマダルネッサンスホテルズ系列のラマダルネッサンスリゾートオキナワ（現在のルネッサンスリゾートオキナワ）が、恩納村山田にて開業した。沖縄における外資系リゾートホテルの先駆的存在となった。また、1993（平成5）年に、インド資本のリザンシーパークホテル谷茶ベイが開業した。琉球国時代の三司官であった謝名《じゃな》親方《うぇーかた》利山《りざん》にあやかり、ホテル名に「リザン」の文字をつけた。

さらに、1999（平成11）年にはフランス資本のクラブメッドが石垣島に、クラブメッド石垣島を開業した。同社はダイニング・バーやスポーツ・アクティビティ、各種エンターテイメントの利用をすべて料金に含んだオールインクルーシブ・リゾートと呼ばれるサービスを提供した。

やがて、アジアの経済発展を背景に、富裕層をターゲットとした高級リゾートホテルも開業した。2012（平成24）年、沖縄県内で飲食店を運営するジェイシーシーが百名伽藍を、マリオット・インターナショナル所属のザ・リッツ・カールトンが、ザ・リッツ・カールトン沖縄（金秀商事所有の喜瀬別邸ホテル&スパを改修し、ホテルを運営）を、長野に拠点を置く星野リゾートが、星のや 竹富島を開業した。さらに、2019（令和元）年にハワイに拠点を置くリゾートブランドのハレクラニがハレクラニ沖縄、2020（令和2）年に星野リゾートが、星のや 沖縄を開業した。

観光関連施設では、1975（昭和50）年に沖縄国際海洋博覧会の開催を記念し、国営沖縄海洋博覧会記念公園が開園した。園内には熱帯ドリームセンター、海洋文化館、おもろ植物園、沖縄美ら海水族館が設置され、人気の観光スポットとなった。

また1988（昭和63）年には、首里城が国営沖縄記念公園首里城地区として都市公園の区域指定を受けた。琉球大学の移転後に首里城が復元され、1992（平成4）年に首里城公園が開園した。首里城公園は国営沖縄海洋博覧会記念公園と並ぶ観光スポットとなるとともに、琉球の歴史や伝統・文化を象徴する場となった。1992年の開園以降も公園整備がおこなわれ、2019年2月に

コラム 沖縄ブーム

「沖縄ブーム」が全国を席巻したのは1990〜2000年代。音楽、文化、食、スポーツなど幅広い分野で県勢の活躍が目立った。1990、1991年に沖縄水産高校が甲子園で準優勝を果たしたときは、「本土に追いつけ」の時代が終わったという確信めいたものを感じさせた。

1999年には沖縄尚学高校が悲願の初優勝。この年の入場曲に採用されたKiroroの「長い間」も沖縄旋風に花を添えた。そのころ、安室奈美恵さんやSPEED、MAX、DA PUMPなど多くのアーティストが音楽シーンを彩った。

2000年には「九州・沖縄サミット」が開催された。名称が統一された「かりゆしウエア」を主要8カ国の首脳が着用し、首里城前で記念撮影した場面は印象的だった。かりゆしウエアが県内外で普及するきっかけの一つにもなった。

NHK朝の連続テレビ小説「ちゅらさん」の出演者ら。右から3人目がヒロイン役の国仲涼子さん＝2000年12月、農連市場

2001年のNHK連続テレビ小説「ちゅらさん」は沖縄ブームを加速させた。小浜島を舞台に主演の国仲涼子さんをはじめ、故平良とみさんなど県出身者が多く出演。ウチナーグチのイントネーションにこそばゆい思いもしたが、自然、食文化、県民性など「沖縄らしさ」の魅力が発信されたことで、観光客の増加にもつながった。

その後も県出身の俳優、スポーツ選手、アーティストらのめざましい活躍が続く。沖縄の知名度はブームを超え、観光や産業拠点としても今や一種のブランドとしての地位を確立しつつあるといえる。

整備事業が完了した。しかし、同年10月31日未明に首里城で火災が発生し、正殿ほか北殿、南殿が全焼した。復元に向け、新たな取り組みがはじまることになる。

民間施設では、1971（昭和46）年にケイブランド観光（現在の南都）が設立され、翌年に観光鍾乳洞の玉泉洞が開業した。同鍾乳洞は1967（昭和42）年に愛媛大学学術探検部がおこなった調査で全容が明らかになり、観光施設として公開されたものであった。玉泉洞は1996（平成8）年に玉泉洞王国村（現在のおきなわワールド）となり、事業を発展させた。さらに、運営会社の南都は南都酒造所を創設したほか、金剛石林山（現在の大石林山）、ガンガラーの谷を開業するなど、観光関連事業を拡張した。

また、1976（昭和51）年には東南植物楽園が開園した。同園の歴史は1968（昭和43）年に、台湾出身の大林正宗が美里村（現在の沖縄市）にて大林農園を設立したことにはじまる。大林は台湾から種を持ち込んでユスラヤシの並木を育てるなど、大規模な植物園を造り上げた。同園は博物館相当施設に認定され、多くの観光客を集めた。2013（平成25）年に、医療法人のタピックグループが東南植物楽園の全株式を取得し、同園を運営している。

沖縄の観光産業発展の一翼を担ったもうひとつのものが、旅行会社であった。1953（昭和28）年に琉球商工会議所のメンバーが出資し、沖縄旅行社を設立した。同社は創業時には船舶による旅客の手配や移民の送り出しを主たる業務としていた。やがて、日本航空が東京と那覇を結ぶ航空便を就航させると、日本航空の沖縄地区総代理店となった。同社は沖縄を代表する旅行社となったが、2003（平成15）年に経営破綻し、半世紀にわたる歴史に幕を下ろした。

1958（昭和33）年には、石垣町（現在の石垣市）出身の東 良恒と今帰仁村出身の宮里政欣により沖縄ツーリストが創設された。沖縄ツーリストは戦後に日本本土からの慰霊団引き受けのほか、米軍基地内で働く学校教員や将校クラスの軍人とその家族を対象に海外旅行を展開した。本土復帰後は日本本土からの観光客の受け入れのほかに、海外からの旅行客の受け入れ（インバウンド）をおこなうなど、他の国内旅行会社とは異なるビジネスを展開した。

このほか、観光産業の出現により、新たな成長市場となったのが観光土産品分野であった。まず注目されたのが、琉球菓子であった。琉球王府の包丁人であった新垣淑規の流れをくむ有限会社・新垣菓子店は、電熱釜による「ちんすこう」の大量生産を開始した。ちんすこうはヒット商品となり、泡盛、黒糖、紅型、琉球ガラスとならぶ、沖縄の代表的な観光土産品となった。

1983（昭和58）年には、琉球ガラス村を運営するRGCが設立された。同社の歴史は中南部のガラス工房6社（奥原硝子製造、琉球硝子製作所、国際硝子工芸社、親富祖民芸ガラス、沖縄寿ガラス工芸社、ぎやまん館）が合併し、共同仕入・共同販売の琉球ガラス工芸協同組合を設立したことに始まる。沖縄においては明治中期頃からガラス製造が開始されたが、戦後は米軍基地内で廃棄されたコカ・コーラやバドワイザーの空き瓶を資材として、ガラスづくりがおこなわれた。当初は、米軍関係者とその家族向けの食器や装飾品をつくっていたが、しだいに米国帰還の際の土産品として重宝された。琉球ガラスは米国本土へも輸出された。「沖縄ガラス」という名では戦争のイメージが強かったことから、琉球ガラスという名称が用いられた。やがて、沖縄が本土復帰を果たすと、観光土産品として新たな市場を開拓した。ただ、オイルショックや人件費の高騰を背景に経営環境の厳しさが増すと、既述のように協同組合が組織された。このとき、正式に琉球ガラスという名称を用いるようになった。琉球ガラスは1998（平成10）年に沖縄県の伝統工芸品に認定された。

１９７９（昭和54）には読谷村出身の澤岻カズ子により、ポルシェ洋菓子店（現在の御菓子御殿）が設立された。同社は１９８６（昭和61）年に、読谷村商工会が企画した村おこし事業に参加するなかで、紅芋をつかった商品「紅《べに》いもタルト」を開発した。同商品は１９９５（平成７）年に航空会社の機内食・機内販売商品となったことで、人気が高まった。御菓子御殿は地元の芋を活用して菓子を生産し、販売したことから、６次産業化の成功事例となった。さらに、恩納村などに観光見学工場を建設し、観光施設としての役割も担った。

１９８４（昭和59）年には、チトセ（現在のナンポー）が設立された。同社は、ちとせ印刷（１９６９年創業）が観光土産品の卸・小売業を知人から引き継いだことで、設立された。当初は観光客向けの菓子、食品の卸売を主たる事業としていたが、１９９９（平成11）年から菓子類の自社生産を開始した。

観光客の増加にともない知名度が高まり、県外での売上が伸びた企業もあった。そうした企業のひとつが、上間菓子店である。同社の創業者・上間信治は今帰仁村出身の両親のもと、大阪にて誕生した。上間は１９６７（昭和42）年から那覇にて二次菓子問屋を営んでいたが、復帰後に本土菓子製造業者が流通機構を整備して二次問屋を中抜きにしたことから、苦しい経営状況に置かれた。このようななか、上間は子供に人気のあった台湾産の乾燥梅に注目し、自社生産を開始した。乾燥梅「スッパイマン」は人気商品となり、沖縄ブランド商品として認知されるようになった。やがて、関東を中心に、県外での売上が約８割を占める商品となった。

情報通信・IT

電信電話事業においては、1959（昭和34）年に琉球電信電話公社が設立され、1964（昭和39）年より日本本土と沖縄を結ぶマイクロ回線が開通した。本土復帰後は、琉球電信電話公社の権利・義務を、日本電信電話公社（現在のNTT西日本）が継承した。このとき、国際電話に関する設備は国際電信電話（KDD、現在のKDDI）に譲渡され、職員も移籍した。

また、携帯電話事業で大きな存在となったのが、沖縄セルラー電話であった。同社は1990（平成2）年に沖縄振興を目的として発足した沖縄懇話会のなかで、携帯電話会社設立の方針が示され、創設された。KDDIをはじめ、県内外の有力企業が出資し、1991（平成3）年から事業を開始した。地域貢献が強く意識され、地元密着型の経営が展開された。同社はKDDIの連結子会社となり、1997（平成9）年にジャスダックに上場している。

一方、沖縄における情報通信分野の開拓者となったのが、沖縄電子計算機センター（現在のOCC）であった。同社の設立に関わった福井県出身の板井裕は、1958（昭和33）年に沖縄米空軍からの依頼を受け、職業訓練課長として来沖した。板井は1965（昭和40）年に東京に戻り、ビジネスコンサルタント社に入社するが、このときに沖縄におけるコンピュータ計算センターの成立可能性に関する調査の依頼が舞い込んできた。調査の結果、成立可能性が高いことを板井が報告すると、1966（昭和41）年に沖縄銀行をはじめとする企業が出資して、沖縄電子計算機センターが創設された。同社社長に沖縄タイムス社長の上地一史が、取締役常務に板井が就任した。情報通信産業分野は技術革新の進展とともに、業務内容が大きく変化した。OCCはこうした変化に対応しながら、インターネットサービスプロバイダーやデータセンター、クラウドサービスなどの事業を展開した。

１９７３（昭和48）年には、琉球銀行の電算部門が独立し、リウコムが設立された。リウコムは金融・保険分野を中心に、官公庁や一般企業のシステム構築や保守運用サービス、システムコンサルティングなどの業務を手掛けた。金融業で培ったノウハウを活かし、沖縄情報通信産業の発展の一翼を担った。

１９７８（昭和53）年には創和リース（現在の創和ビジネス・マシンズ）が設立された。同社はコンピュータ製品や医療機器のリースから事業を始めた。１９８２（昭和57）年にリウコムと提携して日本アイ・ビー・エムの特約店となると、リース事業を廃止し、コンピュータ製品の販売、各種企業のシステム分析、設計、開発、保守を主たる事業とするようになった。業務コンサルティングやコンピュータ・システムの開発を通じて、沖縄における情報化社会への対応を支援した。

１９８２年には、沖縄における情報産業の育成、雇用促進、ソフトウェア開発需要に対する技術者供給などを目的に、国際システムが設立された。沖縄総合事務局通産部、沖縄県商工観光部、地域産業技術振興協会、沖縄県経営者協会が支援し、複数の企業が出資した。地元資本８割、県外資本２割の出資比率であった。コンピュータ・システムの設計・運用管理、ソフトウェア開発、機器の販売・保守などの業務を展開し、県内のＩＴ産業を牽引した。同社は１９８９（平成元）年に増資され、日本ユニシスのグループ企業となった。

情報通信産業はデジタル情報を扱うことから、物理的な距離を克服できる可能性があった。海に囲まれた沖縄でも産業として成立する可能性があった。１９９８（平成10）年には、沖縄県が沖縄県マルチメディアアイランド構想を発表した。当初はコールセンターから業務を開始し、しだいにコ

コラム　県内の経済団体

県内経済31団体が毎年恒例で開く合同新年宴会＝2020年1月、那覇市の沖縄ハーバービューホテル

県内産業の振興発展と地域社会の活性化を後押ししてきた経済団体。沖縄には分野ごとに31団体があり、それぞれが研修や視察などを通して会員相互の啓発、人材育成といった経済発展の環境整備に取り組んできた。沖縄振興計画や税制度、沖縄経済21世紀ビジョンなどに対する提言をまとめ、行政とも協力しながら、県全体の発展にも貢献してきている。

主要団体の中で最も歴史があるのが1927年に設立された那覇商工会議所。商工会議所は他に浦添市、沖縄市、宮古島市にもあり、その連合体として県商工会議所連合会がある。同連合会長は、主要団体を束ねる県経済団体会議の議長も務め、国や県との意見交換や提言も担う。地域経済のリーダーとして、商工業の発展を目指している。

県商工会連合会には各地域の34の商工会が所属する。離島の多い沖縄は、地域性が豊かだが、経済規模が小さくなりがち。2万人の会員を有し、経営改善や支援事業で支え合っている。

県経営者協会は、次世代リーダー育成のかりゆし塾、女性リーダー部会など幅広い活動も特徴。連合沖縄との労使首脳懇談会も開き、労働者とも向き合う。

工業の育成振興を図ってきた県工業連合会は1953年に設立され、製造業を中心とした経済振興の旗振り役を担ってきた。毎年10月の沖縄の産業まつりでは県産品を広くPRし、県外との商談の場も提供して製造業を盛り上げる。戦後、沖縄の工業振興に尽力した故サムエル・C・オグレスビー氏を記念して設けた「オグレスビー氏産業開発基金」などでの表彰事業など、多面的な展開で製造業の振興、育成を図っている。

県中小企業団体中央会は、中小企業・小規模事業者で作る各業界の事業協同組合が加盟する。共同で仕入れや販売などを実施することで費用や労力の負担を削減。相互扶助の精神で各事業者の経営を支える。

沖縄経済同友会、県農業協同組合、県漁業協同組合、県酒造組合、県建設産業団体連合会、県中小企業家同友会、県法人会連合会などの団体があり、各分野で研究や業界発展に努めている。

ンテンツ制作やソフトウェア開発へ進展することが企画され、県外からの企業誘致活動がおこなわれた。

こうしたなか、1998(平成10)年にレキサスが設立された。同社の創業者である比屋根隆は、付加価値の高い独創性をもったソフトの開発を目指した。レキサスは日本で初めての本格的なウェブコラボレーションサービス「チームギア」を発表し、コミュニケーションサービス分野で注目された。やがて、情報通信分野でクラウド化やモバイル化が進むと、技術変化に合わせて企業向けクラウド環境の提供や、携帯端末向けアプリの開発に事業の主軸を移した。

医療

沖縄戦では、医師や看護師が従軍したことで、多くの医療関係者が命を落とした。そのため、戦後は医療関係者が慢性的に不足した。戦後直後は米軍政府により医療や薬品が無償で提供されたが、やがて1948(昭和23)年より有料化された。1951(昭和26)年から、医師の開業も認められるようになった。

こうしたなか、1951年に仲松彌元と新垣進松により、沖縄薬品貿易が設立された。彼らは米軍政府が運営していたメディカル サプライ デポから医薬品や医療器具の在庫品を買い取り、医薬品卸として事業を始めた。同社は2005(平成17)年に、愛知県に拠点を置くスズケンの子会社・スズケン沖縄と合併し、スズケン沖縄薬品となっている。

1951年には、戦前に薬種商を営んでいた名城嗣頼が琉球薬品(現在の琉薬)を設立した。戦前から医薬品移入の経験を持つ名城は、国内外の製薬メーカーの総代理店となって、医薬品を輸入販売した。同社は全琉の医薬品輸入総額の約70％を占めるまでになった。

医薬品販売においては、１９８４（昭和59）年に宜野湾市出身の宮里敏行がスズケン沖縄から独立し、個人事業の宮里薬局（現在の すこやかホールディングス）を創業した。宮里は薬局開業の翌年に法人組織の薬正堂を設立し、県内各地にすこやか薬局を開局した。さらに２００８（平成20）年に、琉球銀行の支援のもと、持株会社の すこやかホールディングスを設立し、県内の薬局店舗に呼び掛けて株式交換による経営統合を図った。診療報酬改定などにより県内調剤薬局の経営環境が厳しくなるなか、グループ企業として人材確保、薬剤の一括仕入れ、店舗の一括管理による経営効率化を図った。また、東和薬品工業との提携によるジェネリック医薬品販売事業への参入や、在宅医療・介護事業への進出、薬局業務のＩＴ化を目的とするＩＴ事業の立ち上げを試みるなど、調剤薬局として医療分野の発展に貢献した。

医療機関では、１９５９（昭和34）年に石垣市出身の大浜方栄によって、大浜外科医院（現在の大浜第一病院）が設立された。沖縄戦後の医師不足のなか、大浜は熊本大学医学部に頼んで医師を派遣してもらい、診療科目を拡充させた。さらに１９７７（昭和52）年に医療法人おもと会を組織し、老人ホームやデイサービスといった介護・福祉分野、沖縄看護専門学校や沖縄リハビリテーション福祉学院といった教育分野にも進出した。

医療分野では、本土復帰の頃から総合病院など、大型施設の設立が相次いだ。国立・県立病院に加えて、１９７９（昭和54）年に浦添総合病院（仁愛会）、同年に南部徳洲会（沖縄徳洲会）、１９８０（昭和55）年に中頭病院（敬愛会）、豊見城中央病院（友愛会）、１９８４年にちゅうざん病院（医療法人ちゅうざん会）、１９８８（昭和63）年にハートライフ病院（かりゆし会）、中部徳洲会（沖縄徳洲会）、１９９０（平成２）年に宮里病院（タピック）などの医療機関が開設された。医療機関は１９９０年代中頃から、県内企業利益ランキングの上位に名を連ねるようになった。県民の生命を守るほか、経済や雇用といった面でも、医療機関の重要性が高まった。

また、医療分野においては、創薬という新たな可能性も示された。１９９１（平成３）年、糸満市出身の奥キヌ子によって中薬研（現在のレキオファーマ）が設立された。同社は中国の痔の治療薬である消痔霊の製造・販売権を取得し、成分の安定化を試みた。やがて安定性を高めた製造法に関する特許を取得し、「ジオン」という名で薬品を販売した。日本のベンチャー企業が開発した医薬品が厚生労働省からの販売許可を得た、はじめての事例となった。

4　新たな沖縄の創造に向けて

本章では、沖縄における経営の歴史を取り上げてきた。沖縄では那覇市山下町で見つかった化石人骨（山下洞人）から、約３万２千年前より人々が暮らしていたと推測されている。それから考えれば、本章で取り上げた時期はわずか１４０年ほどであり、ほんの数世代前からの歴史に過ぎない。しかも、企業活動のすべてを取り上げたわけでなく、歴史のなかのごく一部を現したに過ぎない。

それでも、これらの歴史のなかから人々が何を願い、考え、懸命に働き、行動してきたのかを読み取ることができるだろう。普段は意識することはないが、我々は先人から、生命《いのち》や価値観を脈々と受け継いでいることがわかる。そのバトンを受け取り、次世代に引き継ぐ責任を負っている。

本章を執筆した狙いに、歴史的にさまざまな意味をもつ現在《いま》の瞬間を実感してもらい、それが沖縄に関わる人々の励みや新たな力になればとの思いがある。沖縄の成長・発展にとって仕組みづくりが重要であるが、もうひとつ大事な、意識の重要性とその意義に気づいてもらえれば幸いである。

参考文献

赤嶺守（２００３）「王国の消滅と沖縄の近代」豊見山和行編『琉球・沖縄史の世界』吉川弘文館，pp.232-266.
安里進・高良倉吉・田名真之・豊見山和行・西里喜行・真栄平房昭（２００４）『沖縄県の歴史』山川出版
新城俊昭（２０１４）『教養講座　琉球・沖縄史』編集工房 東洋企画
伊丹正博（１９６３）「沖縄第五十二国立銀行の史的研究 明治前期における一地方国立銀行の分析」『香川大学経済論叢』第36巻第5号，pp.618-643.
稲福健蔵（１９８２）「沖縄の戦後放送史」『新聞学評論』第31巻，pp.16-19.
上間隆則（２００３）『沖縄企業活性化論』森山書店
大城鎌吉（１９８０）『回想八十五年』
太田朝敷（１９３２）『沖縄県政五十年』おきなわ社
おきぎん経済研究所（２０１４）『おきぎん調査月報』No.477.
沖縄瓦斯創立五十年史編纂委員会（２００９）『原点回帰　沖縄瓦斯五十年史』
沖縄県教育委員会（１９６５）『沖縄県史 第1巻』
沖縄県中古自動車販売協会・沖縄県中古自動車販売商工組合（２０１３）『歩み』

沖縄コカ・コーラ ボトリング株式会社社史編纂委員会（1996）
『さわやか25年』
「沖縄 自動車ものがたり」刊行委員会（2002）
『沖縄 自動車ものがたり』沖縄トヨタ自動車株式会社
沖縄食糧株式会社創立50周年記念誌編集委員会（2000）
『沖縄食糧五十年史』
沖縄石油基地三十年史編集委員会（2003）
『沖縄石油基地三十年史』
沖縄タイムス社（1980）『私の戦後史 第1集』
沖縄タイムス社（1980）『私の戦後史 第2集』
沖縄タイムス社（1981）『私の戦後史 第5集』
沖縄タイムス社（1998）『激動の半世紀　沖縄タイムス社50年史』
沖縄テレビ放送株式会社（2010）
『沖縄テレビ放送50年史』
沖縄電力株式会社（1989）『沖縄電力十五年史』
沖縄電力三十年史編集部会編（2003）
『沖縄電力三十年史』
沖縄トヨタ自動車社史編集委員会（2002）
『沖縄トヨタ50年の歩み』
沖縄バス60年史編纂委員会（2011）
『沖縄バス60年のあゆみ』
沖縄森永乳業株式会社（1995）
『沖縄森永乳業四十年史　牛乳と共に40年』
沖縄薬品（1986）『沖縄薬品35年史』
オグレスビー氏産業開発基金事務局（1986）
『沖縄産業の恩人（故）サムエル・C・オグレスビー氏を讃えて』
おもと会（2001）
『知行合一　おもと会40年のあゆみ』
オリオンビール株式会社（1998）

金岡克文（２０２０）「戦前の沖縄県における地域銀行体制の変遷」『高岡法科大学紀要』第31号，pp.97-132.
金秀グループ創業60周年記念誌編集委員会（２００７）『運玉森の麓から　金秀グループ六十年史』
川平成雄（２００４）『沖縄・一九三〇年代前後の研究』藤原書店
株式会社上間菓子店（２００８）『スッパイマンのあゆみ』
株式会社金秀本社　金秀グループ65周年史編纂室（２０１２）『沖縄の産んだ小さな風雲児　呉屋秀信と金秀グループ 上巻』
株式会社国際システム（２０１７）『国際システム35周年記念誌 ～お客様と向き合い35年。これまでも、これからも～』
株式会社創和ビジネス・マシンズ（２０１８）『創和ビジネス・マシンズ 40周年社史』
株式会社りゅうぎん総合研究所（２０１８）『りゅうぎん調査』No.590.
株式会社りゅうぎん総合研究所（２０１９）『琉球銀行七十年史』
金城功（１９８５）『近代沖縄の糖業』ひるぎ社
金城宏（１９７７）「寄留商人に関する一考察：その特質と存立基盤」『商経論集』（沖縄国際大学）第5巻第2号，pp.45-70.
金城宏（１９７８）「沖縄県における大規模小売商業の史的展開─百貨店の歩み─」『商経論集』第7巻1号，pp.57-101.
具志堅宗精（１９６５）『なにくそ、やるぞ　─具志堅宗精自伝』琉鵬会
現代経営出版社（１９８９）『沖縄経営者列伝　第1巻』
國場組社史編纂委員会（１９８４）『國場組社史─創立50周年記念─第1部　國場幸太郎略伝』
小嶌正稔（２００５）「フランチャイジングの萌芽とA&W沖縄」『経営論集』（東洋大学）64号，pp.21-37.
古波津清昇（１９８３）『沖縄産業史 自立経済の道を求めて』文教図書
財団法人 沖縄県経営者協会（１９８８）『沖縄経協30年の歩みと将来』

佐久本政敦（１９９８）『泡盛とともに ―佐久本政敦自叙伝―』瑞泉酒造株式会社
産業新聞社（１９７２）『胎動する沖縄企業』
30周年記念誌編集委員会（２００５）『沖縄印刷団地協同組合 創立30周年記念誌　和と輪』沖縄印刷団地協同組合
清水友理子（２０１３）「琉球ガラスの文化史」一橋研究編集委員会『一橋研究』37巻３・４合併号，pp.17-34.
砂川徹夫（１９９５）「沖縄県内企業における情報化の変遷―創世記の形成過程―」『産業総合研究』（沖縄国際大学）第２巻，pp.159-172.
大同火災海上保険株式会社（２０００）『郷土とともに ―大同火災50年人物史―』
知念肇（２００９）「新時代の国際物流戦略と沖縄」『りゅうぎん調査』（りゅうぎん総合研究所），第476号，pp.8-16.
仲本工業三十年記念史編纂員会（１９９７）『仲本工業30年のあゆみ 仲本興成不撓不屈の半生』
七尾淳也（１９９９）「沖縄県マルチメディアアイランド構想について」『南方資源利用技術研究会 ニュースレター』32号，pp.25-27.
波平勇夫（１９８４）「沖縄の近代化と社会構成の変動―１―」『沖縄国際大学文学部紀要 社会科学篇』第12巻第1号，pp.1-21.
南西石油（１９８８）『南西石油20年の歩み』
西里喜行（１９８２）『近代沖縄の寄留商人』ひるぎ社
西里喜行（２００４）「琉球国から沖縄県へ ―世替わりの諸相」安里進・高良倉吉・田名真之・豊見山和行・西里喜行・真栄平房昭『沖縄県の歴史』山川出版社，pp.227-254.
日経ＢＰ社（２００８）『日経ビジネス』８月18日号
日経ＢＰ社（２０１７）『日経ビジネス』11月６日号
日経ＢＰ社（２０２０）『日経ビジネス』３月23日号
長谷川清（２０１０）「沖縄の泡盛産業」『松蔭大学紀要』（松蔭大学）第13号，pp.145-152.
外間完和（２０００）『キャラウェイ旋風　琉球政府金融検査部長回顧録』ひるぎ社
松永歩（２００９）「沖縄公同会運動と早熟な「自立」構想―「特別制度」の「自治」を手がかりに―」『政策科学』（立命館大学）16巻２号，pp.113-126.

丸正印刷（２０１６）『丸正印刷創業50年記念誌』

三木健（１９９２）「草奔の民衆史・西表炭坑」琉球新報社編『新琉球史 ―近代・現代編―』琉球新報社，pp.215-248.

三島わかな（２０１４）「近代沖縄のラジオ放送に関する研究史概略 ―これからの研究の可能性―」『沖縄芸術の科学』（沖縄県立芸術大学附属研究所紀要）第26巻，pp.85-101.

宮城仁四郎回想録刊行委員会（１９９６）『業に生く― 宮城仁四郎起業編』琉展会

宮古製糖株式会社（１９９０）『30年のあゆみ』

柳沢幸治（２００１）「那覇商業銀行の経営分析―戦前沖縄銀行史における同行の特色に関して―」『政經論叢』（明治大学）第69巻4-5-6号，pp.253-279.

安室憲一（２００３）『中国企業の競争力』日本経済新聞社

山内昌斗（２０１１）「ローカル企業の経営と多国籍企業―沖縄ホーメルの成立・発展―」『経済と社会』（沖縄経済学会）第27巻第1号，pp.7-20.

山内昌斗・上間創一郎・城間康文（２０１３）「沖縄における企業の生成・発展に関する史的研究」『広島経済大学経済研究論集』第36巻第2号，pp.39-53.

山内昌斗（２０１５）「沖縄における観光土産品製造企業の展開―有限会社新垣菓子店の事例を中心として―」『経済と社会』（沖縄経済学会），pp.3-20.

山内昌斗（２０１６）「沖縄における小売業の生成・発展―サンエーの事例を中心として―」『広島経済大学経済研究論集』第39巻第3・4号，pp.25-38.

山内昌斗（２０１７）「開かれたローカル企業 ―沖縄ツーリストにおけるグローバルビジネスモデルの構築―」『広島経済大学創立五十周年記念論文集 上巻』pp.477-498.

山内昌斗（２０１８）「ローカル企業の成長と地域振興 ―沖縄における御菓子御殿の事例を中心として―」『広島経済大学経済研究論集』第41巻第2・3号，pp.53-64.

琉球海運株式会社（１９９２）『琉球海運株式会社四十年史』

琉球海運65年史編集委員会（２０１６）『琉球海運株式会社65年史―万国津梁再び―』

琉球銀行調査部（１９８４）『戦後沖縄経済史』

琉球新報百年史刊行委員会（１９９３）『琉球新報百年史』琉球新報社
琉球新報編集局政経部（１９９８）『沖縄の企業と人脈』
琉球石油株式会社（１９８６）『琉球石油社史35年のあゆみ』
琉球セメント（１９８１）『沖縄にありて　琉球セメント20年のあゆみ』
琉球通運株式会社50周年記念誌委員会（２０１５）『琉球通運50年のあゆみ～これまでも、これからも～』
琉球物流株式会社60年史編纂委員会（２０１０）『琉球物流60年史―飛翔―』
琉薬五十年史編集委員会（２００５）『琉薬五十年史』

「琉球新報」２００８年5月４日
「琉球新報」２０２０年5月10日
「沖縄タイムス＋プラス」２０１８年5月13日

第三章

自立型経済への挑戦

～地場産業の果たす役割～

琉球大学　名誉教授
大城　肇

大城 肇（おおしろ はじめ）

琉球大学名誉教授、琉球大学特別顧問、株式会社沖縄銀行社外監査役、沖縄セルラー電話株式会社社外取締役、株式会社タップExecutive Adviser。琉球大学法文学部卒業。広島大学大学院経済学研究科修了。修士（経済学）。広島経済大学経済学部講師、助教授を経て琉球大学助教授、教授、副学長、理事、学長を歴任。主著に中谷孝久・川瀬進・大城肇（2001）『産業連関表の系譜と分析』徳山大学総合研究所、大城肇（2005）「島嶼地域の資源循環型家畜排せつ物処理システム」『島嶼研究第5巻』日本島嶼学会。

1　沖縄経済の命題

沖縄経済における古くて新しい命題の一つが、経済の自立を達成することである。経済自立とは、他の何ものにも依存しないことであり、経済的に独り立ちすることであるといえる。経済的に独り立ちするには、農林水産業と製造業などによるモノづくりと観光関連産業や第三次産業などによるサービスづくりをおこない、移輸出を増大させ、かせぎ＝外貨を増やすことであり、あるいは県外から買っているものを県内産に置き替えて移輸入を減らすことだというのは自明のことである。この自明なことが実現できないところに、沖縄経済の苦悩がある。

ところで、沖縄の振興や開発に関する計画は、１９１５（大正４）年6月に沖縄県が策定した「沖縄県産業十年計画」（以下、「産業十年計画」という）が最初である。２０２２（令和４）年5月に策定された「新・沖縄21世紀ビジョン基本計画」（２０２２年度～２０３１年度の沖縄振興計画）に至るまでの一世紀以上にわたって、17本の公的な計画が策定された。そのうち実施に移されたのは、１９７２年以降の6本の「沖縄振興（開発）計画」である。

過去一世紀の間、ソテツ地獄といわれた経済の疲弊、太平洋戦争による県土の荒廃、戦後の米国統治、そして１９７２（昭和47）年の日本復帰を経て、沖縄は経済的には自立型経済の確立を目標に取り組んでいる。では、沖縄経済自立論の源流はどこにあるのかというと、それは最初の計画である産業十年計画にみることができる。

産業十年計画は、１９１６（大正５）年を初年度とし、１９２５（大正14）年までの10年間を計画期間として、その間に糖業を中心とする産業の振興を企図したが、策定した7代目沖縄県知事・大味久五郎（在任期間は1915年6月9日～1916年4月28日）の異動によって実施に移されることはなかった。

産業十年計画案諮問員会を招集した大味知事は、生産組織の改善を促し、生産と分配の調和を図り、自便自給の方策を確立するためにこの産業十年計画を定めた、とその提案趣旨を説明している。この産業十年計画に盛られた諸施策の底流をなすものは、生産基盤を確立し、生産能力を高め、よって移輸出を増大するとともに可能なかぎり自給能力を高める、というまさに今日的課題として沖縄に課された命題の解決であった。諮問委員会の委員でもあった太田朝敷によって「置県以来唯一の政策らしい政策」と評された「沖縄県産業十年計画」は、自立型経済の確立という命題に対する最初の意欲的な挑戦であったのだ。

開放経済のもとでの国内の一県において、いかにして県内自給率を高め、需要の県外への漏出を防ぐかということと、県内の開発行為や事業展開に当たっては、県内の主体性がどのように発揮されるかという点が、経済自立にとって重要であることを、産業十年計画から読み取ることができるのである。

2　自立指標の推移

県民経済計算に基づく自立指標を作成してみると、沖縄経済の自立化は遅々として進んでいないことがわかる（図1）。統計の接続性（整合性）の問題はあるが、1975～2018年度について、自立係数（＝100×（移輸出÷移輸入））と域内自給率（＝100×（1－移輸入÷県内総需要））、物的生産力（＝100×（農林水産業総生産＋鉱工業総生産）÷県内総生産）の三指標について作成し示したものが図1である。これらのデータをみると、若干の変動はあるものの、1980年代半ば以降、三指標の傾向は大きく変わっていない。

自立指標の代表は自立係数である。それは、県内で使う財・サービスを県外から移輸入する際に、移輸出でどれだけ充当できているかを示す指標である。自立係数は、1970年代から1980年代にかけて上向く傾向をみせ、1990年代前半は7割台まで稼ぐ力はあったが、2015年度以降は5割台まで低下している。本来なら、自立係数が100%以上であればその経済は自立しているといえる。そうでなくとも、自立係数が100%に向かって改善傾向にあれば、自立しつつあるといえる。沖縄経済にはそのような傾向は残念ながら認められない。

域内自給率は、復帰直後の2割台から1990年代半ばには65%台まで上昇したが、2000年以降はおおむね5割台で推移している。自給できない分は県外から調達しなければならないが、4割強の需要が県外へ漏れてしまって

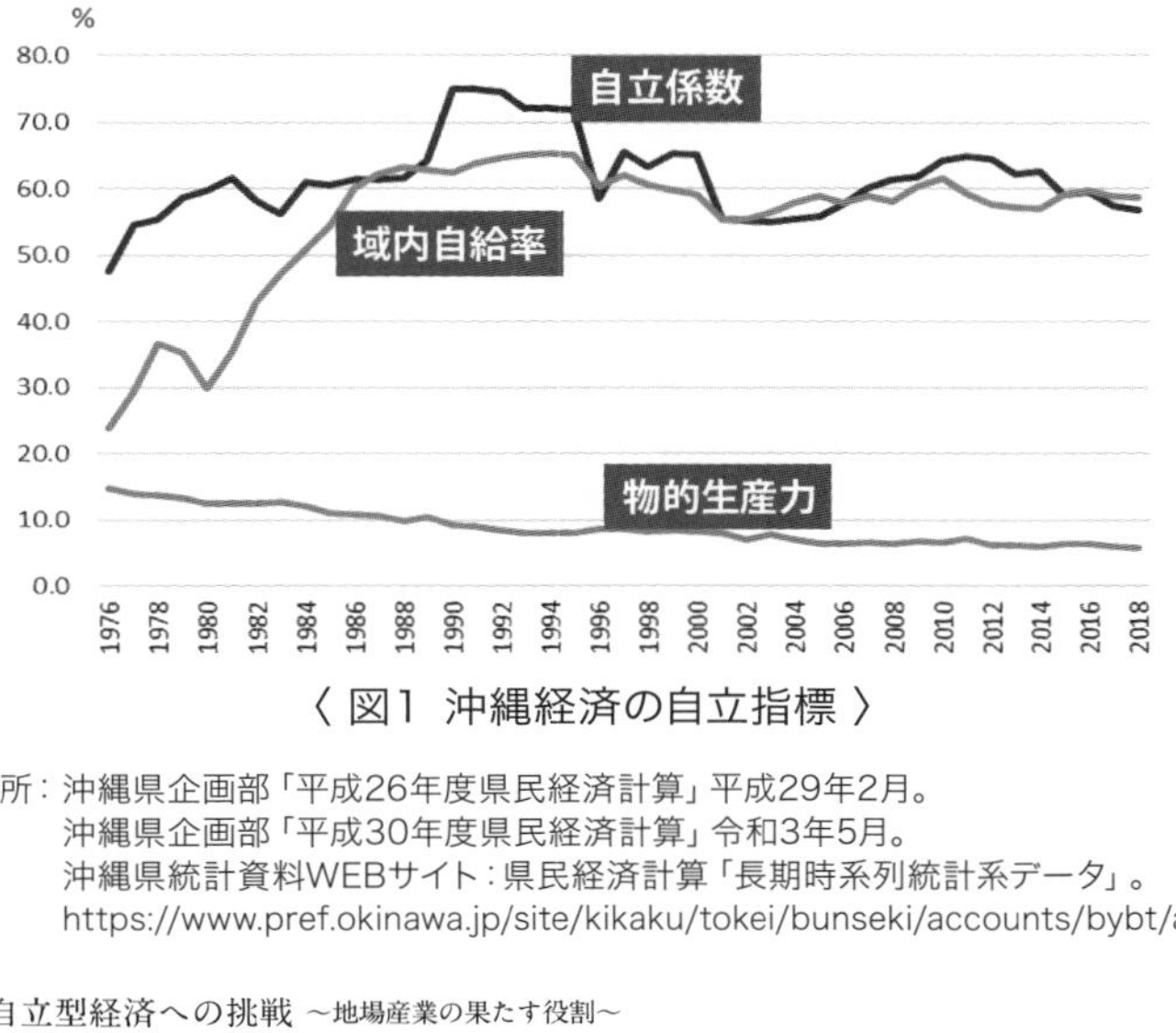

〈 図1 沖縄経済の自立指標 〉

出所：沖縄県企画部「平成26年度県民経済計算」平成29年2月。
沖縄県企画部「平成30年度県民経済計算」令和3年5月。
沖縄県統計資料WEBサイト：県民経済計算「長期時系列統計系データ」。
https://www.pref.okinawa.jp/site/kikaku/tokei/bunseki/accounts/bybt/accounts1.html

いるのだ。域内自給率も１００％以上か１００％に向かって上昇することが望ましい。

沖縄経済の自立化が進んでいないのは、物的生産力が弱いことがその要因の一つである。物的生産力は１９８０年代まで10％を超えていたが、直近では６％台を割り込むようになった。観光需要など県内で発生する需要に、十分対応できない弱いモノづくり経済であることがわかる。せっかく県内で発生した需要が移輸入によって賄われ、その対価として県内に落ちたカネが県外へ流出してしまう構造になっているのだ。

３　地域経済循環率の状況

２０１０年と２０１５年の産業連関表をベースにした内閣府のＲＥＳＡＳ（地域経済分析システム）を用いて、沖縄県及び県内市町村の地域経済循環率を計算し、経済の漏れの状況をみてみよう。

まず２０１５年の沖縄県についてみると、地域経済循環率は76・４％となっていて、県外への漏れ率は23・６％となっている（図２）。前節で述べたとおり、マクロ経済統計の県民経済計算でみると、域内自給率は２０００年度以降６割台を割り込んで推移しているので流出率は４割台となるが、産業連

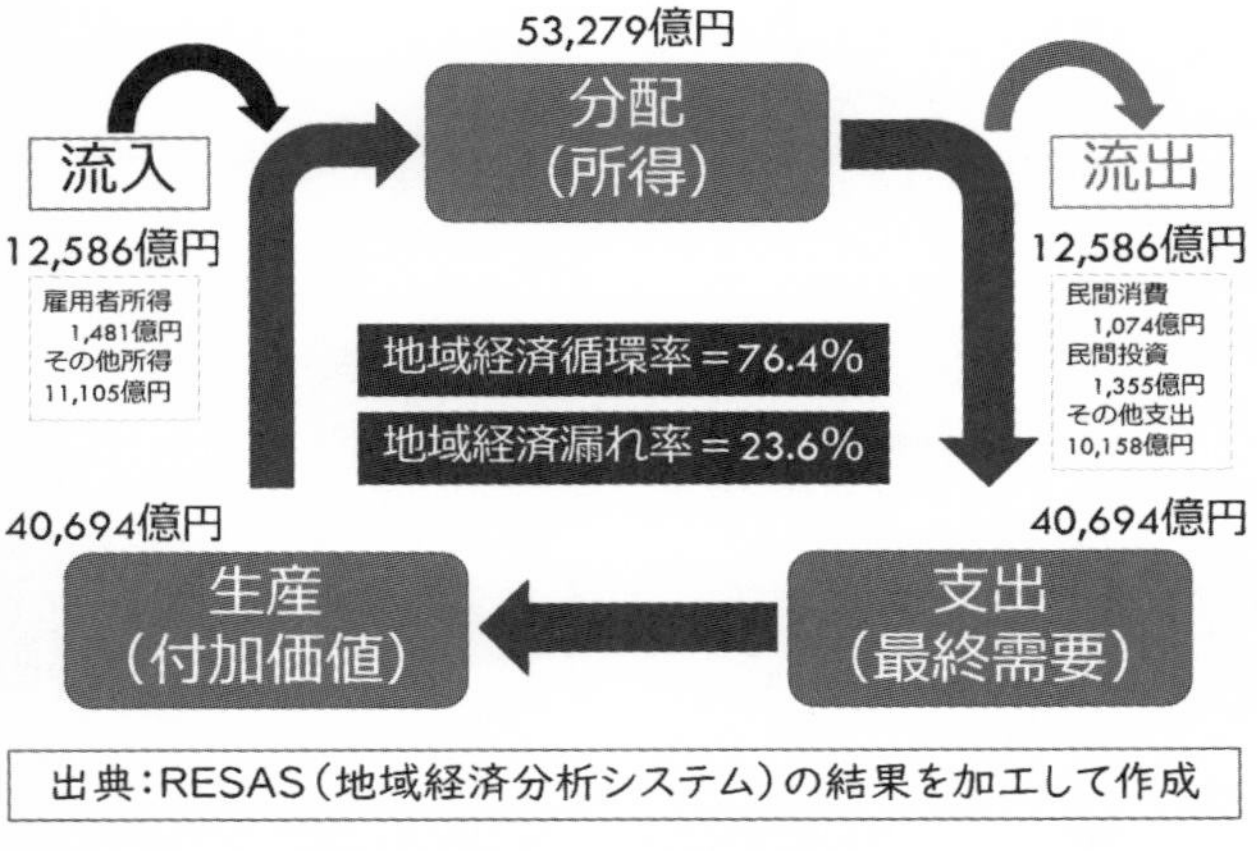

出典：RESAS（地域経済分析システム）の結果を加工して作成

〈 図2 沖縄県のマクロ経済循環図（2015年）〉

コラム 沖縄振興体制

1972年の日本復帰に伴い、「本土との格差是正」を目的として始まった沖縄振興体制。沖縄戦や米軍統治という苦難の歴史を抱える沖縄への「配慮」「償い」の側面から、社会資本整備の遅れを取り戻すことが主眼だった。

沖縄振興開発計画の第1〜3次は基盤整備の時代、4〜5次は「開発」の文字が抜けて「民間主導の自立型経済の構築」を重心に置いた沖縄振興計画に移った。

これまで国主導で策定された計画は、5次に当たる「沖縄21世紀ビジョン」から、県が主体的に策定し、国が支援する仕組みに変わった。使徒の自由度が高い一括交付金制度が創設されたのも特徴だ。

各振計の下、社会インフラ整備は大幅に進み、観光・情報通信関連産業などが大きく成長した。観光客数は2018年度に1千万人を達成。県経済の好調さを背景に、2019年度の完全失業率は2・8%となり過去最低を更新した。多くの経済指標が改善された。

一方、「箱もの」整備も目立ち、振興の在り方には疑問符も付く。県民所得は全国で最も低い状況が続き、全国一高い非正規雇用など県民生活の豊かさには必ずしも結びついていない。子どもの貧困問題も深刻だ。ハード面の改善が進む一方で、教育や福祉などソフト面の政策は十分とはいえない。

過重な米軍基地の負担も続く。離島県の不利性を解消するための必要な施策も多い。不発弾処理や遺骨収拾など戦後処理の解決には長期的な取り組みが必要である。振計が果たしてきた役割は大きいといえるが、将来を見据えた総合的な検証と時代に沿った新たなビジョンが鍵を握る。

2022年4月に改正沖縄振興特別措置法が成立し、5月から第6次となる沖縄振興計画(〜31年度)がスタートした。「自立的発展と県民一人一人が豊かさを実感できる社会」を目標に掲げる。改正法には「5年以内の見直し」が盛り込まれたのが特徴だ。復帰50年の節目に船出した新振興体制は、沖縄の自主性を尊重して実現していく必要がある。

関表での流出率は2割程度高く出ている。いずれにしても、県内のおカネの少なくとも2～4割が県外へ漏れ出ているのは確かであり、その漏れを何とか止めなければならない、というのが自立型経済の確立へ向けた沖縄経済の克服すべき課題の一つである。

県経済に流入してくるのは県外から県内へ流入・移転する所得であるが、その88・2％が財政移転である。他方、県内へ流入・移転した所得は民間消費や民間投資、移輸入として県外へ漏れていくが、県外へ漏れていく最終需要の80・7％が移輸入である。

沖縄県の地域経済循環率76・4％は、47都道府県の中で第45位である。2015年について地域経済循環率が最も高いのは東京都156・6％であり、続いて愛知県111・4％、大阪府106・7％となっていて、100％を超えるのは10都府県にすぎない。8割近くの道府県が100％未満の経済循環率となっている。経済循環率が90％台は岡山県など15府県、80％台は和歌山県など15道県、そして70％台は島根県、高知県、埼玉県、沖縄県、岩手県、奈良県の6県となっている。

県内で発生した所得の76・4％が循環する沖縄県において、構成市町村の経済循環率はどうなっているであろうか。2015年についてみると、沖縄県の76・4％を上回るのは、那覇市、浦添市、恩納村、西原町、石垣市の5市町村である。そのうち100％を超えるのは那覇市だけであり、浦添市、恩納村、西原町は90％台、石垣市は80％台となっている。

70％台は北谷町、名護市などの5市町であり、60％台は嘉手納町、豊見城市、宮古島市など9市町村、50％台は与那原町、金武町など4町村、40％台が渡嘉敷村、宜野座村など8市村、30％台が大宜味村、北大東村など7町村、そして20％台が伊是名村、粟国村、八重瀬町となっている。八重瀬町

23・5%の場合、76・5%の所得（需要）が町外へ漏れ出ていることになる。ここで留意すべきことは、県内41市町村のうちの4割超が、最終需要の半分以上を自らの行政区域外へ流出させていることである。これには、働いて収入を得る場所や買い物をする場所、病院などが当該市町村内にあるかどうかが影響している。

次に、2010年から2015年にかけて沖縄県の経済循環率がどのように推移したかをみてみよう。沖縄県の経済循環率は2010年の81・1%から2015年の76・4%へ低下している。これにより、全国のランクも41位から45位に後退した。これは沖縄経済の漏れ体質が一向に改善してないことを示している。

このことを市町村についてみてみると、経済循環率が50%未満の市町村が2010年には10市町村であったのに対して、2015年には18市町村に増えている。この5年間で経済循環率がプラスになったのは、那覇市、豊見城市、うるま市など8市町村にとどまっている。

沖縄県の自治体（市町村）の場合、財政移転などで所得の流入があるものの、その所得を地域内にとどめておくことができず、地域外に漏出させてしまっている実態がある。これはとりもなおさず、地域内の生産力や販売力が需要をまかないきれず、地域外から移輸入した対価として、域内に入ってきたカネが地域外へ漏れ出てしまう割合が高くなっていることを示している。

2015年時点での沖縄経済の県外への漏れは23・6%であるということを述べたが、実感としてはもっと高い漏れ率のように思える。私の恩師たちが1970年前後、このような県内循環率や歩留率の低い沖縄経済を「ザル（笊）経済」と名付けたが、ザル経済、あるいは漏れ経済としての体質は、沖縄県産業十年計画（1915年）以来、約一世紀の間、一向に改善していないといえよう。経済の漏れを減らすしかけをつくる実効性ある整合的な経済振興策を策定し、長期展望をもちながら、着実に実践していかなければならない。

4　ポスト・コロナ時代の沖縄振興

新型コロナウィルスのパンデミックによって、国際経済はもとより国内経済、地域経済についてパラダイム・チェンジが起ころうとしている。コロナ禍の中で明らかになりつつあるのは、グローバリゼーションや地域統合を勧めるリージョナリズムに代わって、地域分散システムが進むであろうということだ。そのような中、２０２２年4月より改正された沖縄振興特別措置法に基づく新・沖縄21世紀ビジョン基本計画がスタートした。沖縄においてはポスト・コロナ時代の沖縄振興のあり方が問われることから、この機会に、沖縄県は地域分散・地域自立の観点から思い切った制度の創設を国に要請してもよかったのではないか。

持続的自立型経済の確立の必要性

経済は生き物であるという。経済は好況になったり不況になったり、常に生き物のように変動しているからだ。沖縄経済についてみると、景気変動を伴いながら、絶対的な規模では拡大してきている。しかし、全国と比べた相対的な構造はあまり変わってなく、解決すべき根源的な課題群を長年にわたって抱えていて、もっと進化発展すべきだと思っている。

すでにみたように、沖縄経済は自立していないというのが、データから読み取った私の判断であ

コラム 失業率

県内の完全失業率は、平成最後の好景気を受け、2019年に本土復帰後、最低を記録した。9年連続の大幅改善で「賃金上昇」という次のステージも見え始めたが、2020年に起こったコロナ不況が水を差す。全国最低の県民所得や、貧困問題などの根本的な経済課題は残ったままだ。

雇用情勢の改善は、沖縄経済の大きな課題の1つ。高失業率、全国平均を下回る賃金水準、非正規雇用の割合の高さなど、沖縄の雇用に関する課題は多岐にわたる。さらに、親の収入の低さが、子どもの教育や生活環境を悪化させる貧困問題まで行き着く根深さもある。

沖縄県は、雇用を生み出しやすい工場などの製造業や大企業が少ないといった要因が重なり、完全失業率は全国平均を上回る水準が続いている。2000年には過去最高の8・4%となり、全国とは3・6ポイントも差がついた。

一方、リーマショックから立ち直り始めた2011年から低下。2013年には人口と観光客の増加を背景にした景気回復で下げ幅が大きくなり、2019年に最低の2・7%を記録。全国との差は0・3ポイントまで縮んだ。

企業の人手不足感が強まり、アルバイトやパートの時給が上がったり、ボーナスが増えたりしたが、基本給の上昇まで至らず、その間の現金給与総額は、横ばいだった。

専門家からは好景気の持続で「賃金上昇」への新たな局面入りも期待されたが、新型コロナによる打撃で雇用情勢は急速に冷え込んだ。

新型コロナ感染の終息は見通せず、先行きは不透明。企業の倒産や事業縮小による失業を防ぐため、行政には迅速な支援が求められている。

観光客で混雑する那覇空港。好調だった観光業も失業率改善をけん引した(沖縄タイムス撮影)

る。それでは自立経済の確立に向けて体質改善なり体力強化なりを実践するにはどうすればよいか。沖縄の持続的自立型経済の確立に向けて、その象《かたち》を示したい。

沖縄経済の抱える課題群

日本復帰から30年間の沖縄振興開発計画の柱の一つは、格差是正であった。この場合の格差は、ハード面の社会資本の格差を意味していた。確かにハード面の格差は、高率補助の公共事業によって徐々に是正されつつある。他方、沖縄県は全国との比較において、所得、雇用、生活、教育などソフト面での格差が固定化されつつある。それらがいい意味での格差であればよいのだが、さらなる政策によって是正しなければならない負の格差になっているのが問題だ。

沖縄県の解決すべき課題群を集約して示すと、低所得、貧困問題、非正規雇用、交通渋滞などがある。これらは経済格差（機会の不平等など）、教育格差（結果の不平等など）、中小企業を中心とする産業発展の遅れ、公共交通機関の未発達（その裏返しとしての車社会の定着）など社会システムの不備の裏返しでもある。さらに、自然・立地の不利性による島嶼《とうしょ》・過疎問題もある。

これらの課題群は、社会経済的ロスという非効率性を招き、負の格差を累積させる。そして、これらが悪循環して、社会経済の中に組み込まれてしまう。このような沖縄経済の構造をみていると、次のような素朴な疑問がわいてくる。すなわち、観光客は約一千万人に達したが、なぜ一人当たり県民所得は全国最下位のままなのか？　沖縄経済は好調であるといわれたが、なぜ全国との間の所得格差は是正されなかったのか？　沖縄振興策による産業振興が行われたが、なぜ中小企業など地場企業が育たないのか？　半世紀近く特別措置が講じられてきたが、なぜ沖縄経済は自立できないのか？ これらの疑問についての歴史的考察は、第一章を参考にされたい。

沖縄振興特別措置法（平成14年法律第14号）の目的は、同法の第一章第一条において次のように規定されている。

「この法律は、沖縄の置かれた特殊な諸事情に鑑み、沖縄振興基本方針を策定し、及びこれに基づき策定された沖縄振興計画に基づく事業を推進する等特別の措置を講ずることにより、沖縄の自主性を尊重しつつその総合的かつ計画的な振興を図り、もって沖縄の自立的発展に資するとともに、沖縄の豊かな住民生活の実現に寄与することを目的とする。」

沖振法で規定されているように、そもそも沖縄振興の目的は、沖縄の自立的発展に資するとともに、沖縄の豊かな住民生活の実現に寄与することではなかったのか。沖縄の日本復帰後、半世紀にわたって沖縄振興のよりどころとなってきたのは、沖縄振興（開発）特別措置法であったが、大きく環境条件が変わるポスト・コロナ時代に従来型の開発方式は通用するのだろうか。

将来的に、沖縄県はこれまでの沖縄振興特別措置法に基づく地域振興体制と決別しなければならないと思っている。では、沖縄にとってどのような地域振興体制が考えられるだろうか。

新しい革袋の必要性

そこで、制度に関して新しい革袋の必要性を提案したい。沖縄振興体制は、半世紀余り、社会資本の整備を主体とする沖縄振興（開発）計画の実施によって、一定の機能と役割を果たしてきたことは確かである。しかしながら、すでに到来しつつあるSociety 5.0（ＡＩ、５Ｇ、３Ｄ、ＩoＴ、新素材が主流となる社会）や地域分散型社会を見越して、沖縄経済の新しい発展の方向を見定め、産業発展の遅れ、地域経済格差、貧困問題、非正規雇用、無業者問題、教育格差、そして交通渋滞などの課題群を解決し、真に豊かな沖縄県を実現するためには、現行の沖縄振興体制に代わる有効な制度が必要となる。沖縄経済を創りなおし沖縄創生への新たな制度的枠組として「沖縄創生基本法」（仮称）を創設し、併せて新しい価値観を創出し共有すべき時に来ていると強く感じている。

沖縄の未来像

ポスト・コロナ新時代における沖縄の社会経済システムを再構築し、沖縄の特性を生かした産業経済の発展と雇用創出、基地問題の抜本的解決及び新しい県土づくりに寄与する制度として、沖縄創生へ向けた新たな制度的枠組の創設が必要である。この新しい制度によって実現する沖縄の未来像は、ＩＩＰＳアイランド・オキナワ（Independence, Innovation, Peace and Sustainability for Okinawa Islands：自立・自律、イノベーション、平和、持続可能性に充ちた島嶼・沖縄）と呼ぶことにする。

沖縄が長年抱える課題群に対する政策パッケージを有効に実施できる新制度を創設し、この新制度のもとで沖縄の未来像・ＩＩＰＳアイランド・オキナワを実現するということでなければならない。換言すると、沖縄創生基本法（仮称）の制定によって、ポスト・コロナ新時代における沖縄の社会経済システムを創りなおして再構築する姿が、新しいＩＩＰＳアイランド・オキナワの実現ということになる。

ＩＩＰＳアイランド・オキナワの具体的内容

まず、最初のＩは自立〈independence〉のＩである。すでに述べたように、自立とはモノづくりと

コラム　沖縄21世紀ビジョン

「沖縄21世紀ビジョン」は、おおむね2030年の沖縄の姿を描いた、沖縄県が初めて独自に策定した長期構想だ。

沖縄戦による県土の荒廃や軍事が優先の米国統治により、沖縄の経済復興は大きく遅れた。1972年に沖縄が日本に復帰を果たすと、政府は10年ごとに策定する沖縄振興開発計画（2002年から沖縄振興計画に変更）に基づいて沖縄の経済対策を実施してきた。

これによりインフラや生活水準は改善してきた一方で、全国最下位の県民所得や高い失業率、子どもの貧困問題など前進を見ない課題も多くあった。そして、いつまでも国頼みではなく、沖縄県が独自に長期計画を定める必要があるという意見も上がっていた。

沖縄21世紀ビジョンを分かりやすく紹介する漫画(沖縄県ホームページから)

復帰から40年（2012年）の節目が近づいていた2008年、当時の仲井真弘多知事の下で自前の計画づくりの作業が始まった。県民アンケートなど県民との協働作業で議論を重ね、2010年3月に「沖縄21世紀ビジョン」として完成した。

21世紀ビジョンは、県政運営の「にぬふぁ星（北極星）」として沖縄の針路を示す道標に位置付けられている。「沖縄らしい自然と歴史、伝統、文化を大切にする島」「心豊かで、安全・安心に暮らせる島」「希望と活力にあふれる豊かな島」「世界に開かれた交流と共生の島」「多様な能力を発揮し、未来を拓く島」という将来像の達成に向け、さまざまな施策が進められている。

サービスづくりをおこない、移輸出を増大させ、かせぎ＝外貨を増やすことである。同時に、県外から買っているものを可能な限り県内産に置き替えることによって、需要の漏出を防ぐことである。換言すれば、企業育成・産業振興を推し進めることであり、それによって税収も増えることになる。今回の新型コロナのパンデミックによって明らかになったことは、域内である程度の自給力と供給網を備えておくことの重要性である。このことは、大規模災害時にも役立つ。

自立と同じ発音の自律についてもふれておきたい。自律は、self-governanceと言った方がよい。それは、自らの意志で自らのことを決定することだ。ここでの文脈では、自治権あるいは自己決定権を確立することであり、地域主権にもとづく地域自治を行うことだといえる。具体に即して言うと、沖縄の地域特性や経済の発展段階に合った制度を創設することである。この考えに沿って、今回の新しい制度・沖縄創生基本法の提案をしている。ＩＩＰＳの最初のＩに関して、自立のためには自律が必要だ！ということを強調しておきたい。

次に、ＩＩＰＳの二番目のＩは、InnovationのＩ。イノベーションとは、物事の新機軸や新しい切り口・捉え方・活用法によって創造する行為をいう。イノベーションは、新たな価値を創造し、社会的に大きな変化をもたらす自発的な人・組織・社会の幅広い変革につながる。これまでのモノ・しくみなどに対して全く新しい技術や考え方を取り入れて新たな価値を生み出し、社会的に大きな変化を起こすことと言い換えることができる。ポスト・コロナにおいて先を見通した、たとえばデジタル技術を活用したイノベーションが必要とされている。

ＩＩＰＳのＰはPeaceのＰであり、沖縄を世界平和に寄与する平和外交拠点にしようというものである。平和の島・沖縄を全世界に向けて発信し、アジア・太平洋地域で積極的に平和外交を展開していこうということにほかならない。なかんずく、国連機関（あるいはその補助機関でもよい）を誘致するか、あるいは国連機関関連の定期会合を開催することが具体的な中身になる。一つの例として、コスタリカにある国連平和大学のオキナワ・キャンパスを誘致することなどは有効であろう。Ｐの中には生命（イノチ）の尊厳が含まれる。

最後に、ＩＩＰＳのＳはSustainabilityのＳであり、ＳＤＧｓによる地域づくり・県づくりを意味する。ＳＤＧｓについては県政運営の中心に据えていたり、地域銀行や民間企業においてもさまざまに取り組まれているので、多くを説明することはしないが、三点だけ触れておきたい。

一点目は、ＳＤＧｓの17のゴールと169のターゲットには、新しい事業機会を生み出すイノベーションのネタがちりばめられているということ。二点目は、No one will be left behindとは、島嶼部・過疎地、貧困層、社会的弱者を取り残さないということ。三点目は、持続可能な開発とは、「将来世代のニーズを満たす

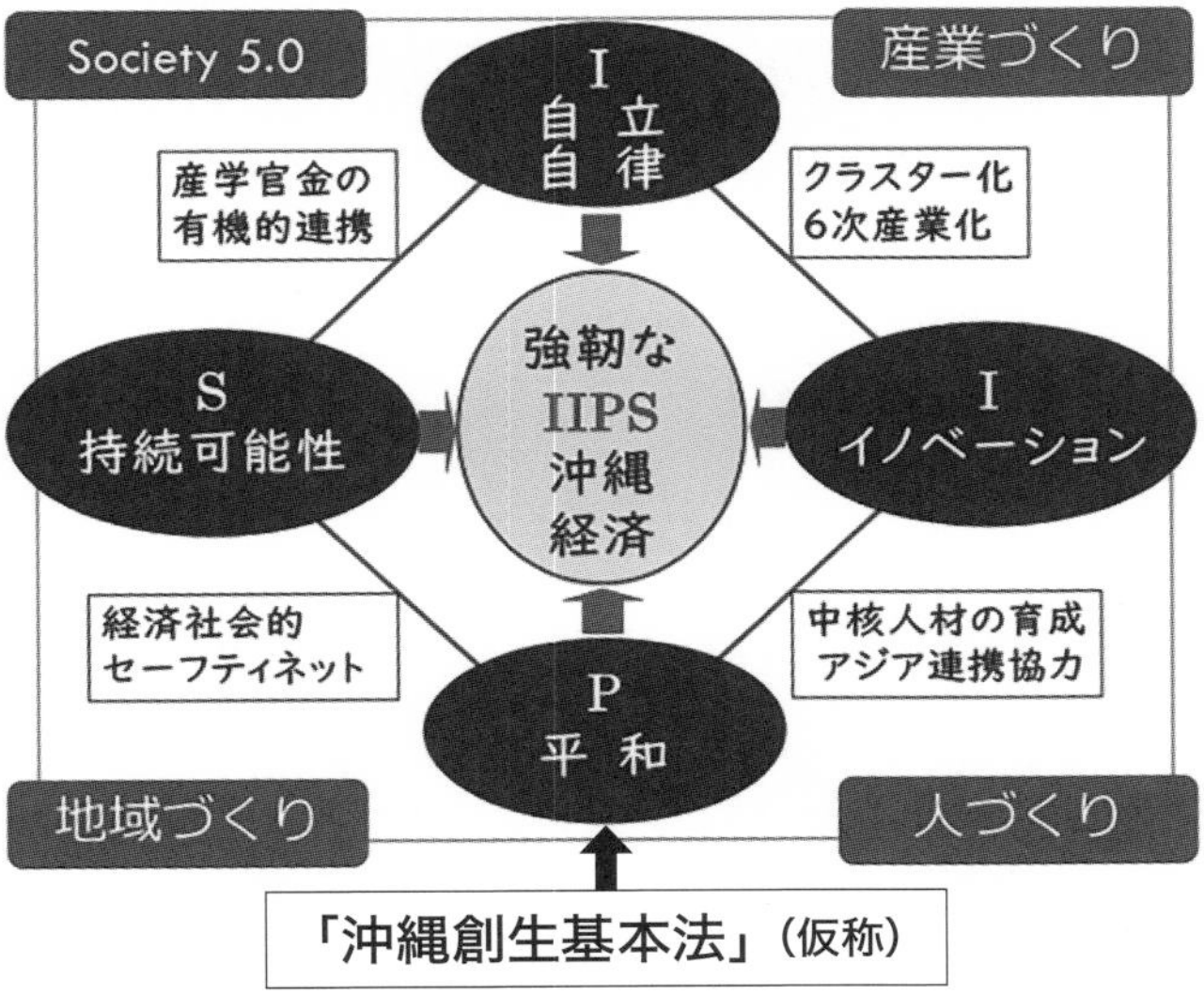

〈 図3 IIPSアイランド・オキナワの概念図 〉

能力を損なうことなく、現在世代のニーズを満たすような開発」（1987年に国連「環境と開発に関する世界委員会」が公表した最終報告書）であるが、これを沖縄の言葉で言い換えると、ヌチヌユヌヌチドゥタカラ（後世のイノチが宝である）になるということ。後世の子や孫の世代を大事にすることが持続可能性にほかならない。

図3（前頁参照）は、IIPSアイランド・オキナワの概念図である。政府が言及しているSociety 5.0をふまえ、新たな沖縄創生基本法にもとづく新生沖縄を創ることによって、IIPSによる強靭（レジリエンス）な沖縄経済が実現できるということが理解できると思う。

5　地場産業振興による自立型経済の確立

沖縄経済の命題である自立型経済を確立する方策を探るために、蛇口から水を出して漏れたバケツに溜めることをイメージしてみよう。たとえバケツが漏れていても、蛇口からたくさんの水（カネ）を流し込めば溜めることができる。これは県外からカネ＝外貨を稼ぐことに他ならない（入口政策）。もう一つの方法は、バケツの漏れ穴を小さくすることである。これは、域内での産業の裾野を広げること＝産業連関を強めることによって、自給率あるいは歩留まり率を高め波及効果を大きくすることができる（出口政策）。

以上の入口政策と出口政策の二鳥を仕留める一石としては、地場産業を振興させることが手っ取り早い。ここで、地場産業とは、地域の経営資源（原材料、技術、人材、販売ノウハウなど）を活用し

コラム ポストコロナ

2020年、新型コロナウイルスの猛威が突如人類を襲った。未知の感染症は予想をはるかに超えて世界に拡散し、沖縄もその直撃を受けた。県内では東京由来とみられる感染が広がり、米軍基地でも集団感染が発生した。県民生活に大きな影響が及び、経済は大きく落ち込んだ。

特に主力産業である観光の被害は甚大で、2001年の米中枢同時テロや2008年の米リーマン・ショックを上回るダメージとなった。関連産業や幅広い業種に打撃が広がり、雇用にも深刻な影響が出た。

経済・雇用の立て直しに向けた緊急対策が進む中、コロナ収束後の「ポストコロナ」を巡る議論も起こった。

沖縄を訪れた観光客数は2019年には1000万人を超え、長年目標としていた米ハワイに比肩するまでに成長した。だが観光客の滞在日数や一人当たりの消費額は遠く及ばない。収益の多くが県外に流出する構造的な課題も長年指摘されている。訪日外国人客の急増など右肩上がりの観光客の増加がそうした課題の解決を遠ざけてきた側面も否めないが、コロナ禍を機に持続可能で高付加価値型の観光・経済への転換に今度こそ踏みだすべきだという主張が強まった。

未知の感染症をはじめ未曽有の自然災害や大事故、テロ、戦争など予期せぬ事態は今後も起こりうる。観光を中心とした産業集積や地場産業の育成、ものづくりの振興など、足腰の強い自立型経済の構築に向けたアクションが求められている。

マスク姿の人が目立つ那覇市の国際通り＝2020年8月

て生産・販売活動を行っている地元資本による中小企業群であると捉えることにしたい。
日本復帰後1980年代までの沖縄振興開発計画では、企業誘致による地域振興が柱の一つになっていた。企業誘致による地域振興は、全国的な潮流でもあった。1990年代に入ると、バブル経済がはじけ、多くの企業は安価な労賃を求めて中国を中心とする海外の新興国へ生産拠点を移すようになり、企業誘致による地域振興は破綻するようになった。企業誘致に代わり出てきたのが、ベンチャー企業や地元中小企業を育成・振興させるための支援策であった。

沖縄は島嶼性という地理的条件も手伝って、稼ぐ力の弱い地場産業が多い。そのような中にあって、特化係数（得意分野）をみると、食料品製造業や飲料・たばこ・飼料製造業、窯業・土石製品製造業などが相対的に高い。地域資源を活用し域内需要に支えられたこれらの産業が、地場産業として定着してきた。沖縄の産業発展については、本書の第二章を参照されたい。地域内での産業連関を強め、波及効果を大きくする上で、これらの地場産業群がヨリ特化し発展できるような施策が採られるべきであろう。

今後、沖縄経済の自立化に当たってふまえるべき点は、空間素因と時間素因を前提に、地場産業の振興によって持続的自立型経済を確立していくということである。沖縄県は島嶼性と海洋性、アジアへの近接性という空間素因に加え、歴史性、文化特性、潜在可能性という時間素因をもっている。これらがもつマイナス面を抑え、プラス面を優位性として生かす工夫が必要である。

地場産業による経済自立という場合、既存の地場産業の振興のみならず、県内企業をベースにした産業クラスター化、地域資源と優位性を生かした6次産業化、イノベーティブな中核人材の育成、アジアとの連携協力の活発化、社会経済的セーフティネットの構築、産学官金の有機的連携などの総合的産業振興策を着実に推進していくことがポイントとなる。このような手立てを行うことによって、Society 5.0の中での沖縄の地域づくり・人づくり・産業づくりが完結する。

県内企業をベースにしたクラスター化に向けたプロジェクトKとして、12個のキーワードを並べた。この12個のキーワードが、デザイン思考（ブランディング、マネジメントに結びつく発想）の参考になるであろう。ちなみに、プロジェクトKとしたのは、12個のキーワードがすべて「カ行」で表現できているからである。

〈プロジェクトK〉

○環境：生物多様性の保全、気候変動対策、再生可能エネルギー開発
○健康：感染症対策拠点形成、再生医療、遠隔医療、健康長寿社会の実現
○観光：持続可能な観光地づくり、国際観光都市の形成、医療ツーリズムの拠点形成
○海洋：海洋・海浜の保全、海洋資源の有効活用
○交易：アジア諸国との連携、植物工場や陸上養殖と連結した国際生鮮輸送システム
○交通：国際的ハブ空港化、航空機関連クラスター、交通渋滞解消システム
○研究：感染症研究拠点、産学官の有機的連携、科学技術イノベーション
○教育：イノベーティブな中核人材の育成、オンライン教育システムの有効活用
○カルチャー（感性）：沖縄文化の発信、世界歴史文化遺産の登録と発信
○共同体：相互扶助の精神を生かした社会経済的セーフティネットの構築
○公共：感染症危機管理、防災・減災システム、高速大容量通信ネットワークの構築

○交流：世界ウチナーンチュ大会、各種国際会議の開催

これらのキーワードを参考に、沖縄における産業クラスターを形成する有効な施策の実施によって、地場企業を創出・振興させることが可能となる。産業クラスター形成により、県内における雇用吸収力の強化（正規雇用化）、所得水準の向上（経済格差の縮小）、対外競争力の強化（対外収支の改善）、地域の自立力強化・活性化（地域活性化、財政力の改善）、地域の自給率の向上（持続的自立型経済の確立）が実現でき、文字どおり経済自立が達成されるであろう。

6　産業クラスター形成による自立化

人口減少期に突入した国内の多くの地域では、経済産業活動が停滞または衰退しているところが多くなり、そのような地域は稼いだ外貨を域内で循環させることができず、漏れ穴を埋めることができないという悩みを抱えている。

沖縄県は、2030年頃まで人口が増える見込みであるが、すでに見たように、地域の優位性を生かした基幹産業とその関連産業が育たず、残念ながら県外から流入した（稼いだ）需要が県外へ流出してしまうという漏れの循環構造をもっている。

近年、観光部門の伸長により受取外貨は観光収入＝サービスの移輸出として増加したものの、その効果が沖縄経済にあまり還元されていないようにみえる。これらは、沖縄経済におけるヒト・モノ・

カネが連関しながら循環する裾野が狭いことに起因している。せっかく観光需要という県内へカネが還流するしくみがありながら、県内産のモノやサービスがそれを十分に満たすことができず、観光需要が県外へ漏れてしまっているのだ。沖縄経済の漏れを改善するような経済政策を展開しない限り、沖縄振興が県内企業や県民に益するのは大きくないであろう。

経済の漏れを小さくする上で重要なことは、沖縄経済の構造特性を踏まえた産業政策が必要である。ひと言でいえば、複線的な産業連関構造を計画的につくっていくことである。その考えとして、沖縄に固有の産業クラスターを複数つくるクラスター戦略が必要である。これまでの半世紀近く実施されてきた沖縄振興策は、自立経済の確立を謳ってはいたものの、このような視点が欠けていた。

一つ目のクラスターは、観光需要を取り込む観光関連産業クラスターである。沖縄観光の売りは、沖縄の持つ自然環境や伝統文化などの資源である。これらの資源の対価を正当に評価して、持続可能な提供ができるようにすることと、観光関連一次部門（交通・運輸、宿泊、レジャー、小売、飲食などの部門）の域内歩留まりを高める工夫をすることである。次に、観光関連一次部門と県内の観光関連二次部門（農水畜産、製造、情報通信、金融などの部門）との連関（結びつき）を強めるしくみづくりを行うことである。ここでは協働がキーワードとなる。

二つ目のクラスターは、先ほどの観光関連二次部門を中心とする県内六次産業クラスターを形成することである。亜熱帯性気候という特性と海洋資源を活用した農畜水産物の付加価値を高める生産・流通のシステムを確立することができれば、県内自給率の向上は自ずと生まれてくる。新型コロナ禍のような新興感染症対応や台風等の自然災害対応としても有効である。このクラスターは、島々をネットワーク化して、島嶼（離島）振興の核として据えることもできる。

三つ目のクラスターは、アジアとの近接性という地理的特性を生かした臨空港型産業クラスターの形成である。国際物流倉庫、航空機整備工場、部品供給センター、国際情報通信センターなどが集積するクラスターである。現在、その一部は稼働しているが、持続可能性に黄信号がともっている。本腰を入れたクラスターづくりが必要である。

産業クラスターの形成には、企業立地促進や中小企業投資促進、税制などに関する国の優遇制度や支援制度を明記する必要がある。もちろん、主体は県内の地場企業であり、県外からの企業誘致を主眼とする手法は採らないが、大交易会のような県外や台湾企業など海外企業との連携は進める。新たにつくる沖縄創生基本法にもとづき、地場産業振興策として、実効性ある有機的な産業クラスター形成計画を策定することによって、ポスト・コロナ時代における沖縄の新しい未来が開けることを願っている。

参考文献

大城肇（２００９）「沖縄経済自立論の源流」『琉球大学経済研究』78号、7—23頁、２００９年9月

かねひで総合研究所・琉球新報社（２０１９）『沖縄経済シンポジウム２０１９—採録冊子—』２０１９年10月

太田朝敷（１９３２）『沖縄県政50年』おきなわ社、昭和7年2月

沖縄県（１９１５）「沖縄県産業十年計画」沖縄県内務部、大正４年6月

琉球政府（１９７２）『沖縄県史３　経済』国書刊行会、１９７２年４月

高橋琢也（１９１６）『沖縄産業十年計画評』金刺芳流堂、大正5年9月

第四章

両利き経営と沖縄の可能性

～持続的成長をめざして～

琉球大学　名誉教授
與那原　建

與那原 建（よなはら たつる）

琉球大学名誉教授。沖縄市出身。琉球大学法文学部経済学科経営学専攻卒業。神戸商科大学（現兵庫県立大学）大学院経営学研究科博士前期課程修了。同大学院博士後期課程単位取得。経営学修士。沖縄大学法経学部経済学科講師、助教授、琉球大学法文学部助教授、教授、琉球大学国際地域創造学部経営プログラム教授を歴任。主著に、與那原建（２０２２）『競争戦略論の発展と競争優位の持続可能性』文眞堂、與那原建・山内昌斗（２０２１）『沖縄企業の競争力』文眞堂が、また主要論文に「キーワードで読み解く「戦略の本質」の読み方」（岩崎卓也と共著『ＤＩＡＭＯＮＤハーバード・ビジネス・レビュー』２０１１年６月号）などがある。

1 第4次産業革命とAI脅威論

内閣府(2019)によれば、第4次産業革命とは、18世紀末以降の水力や蒸気機関による工場の機械化である第1次産業革命、20世紀初頭の分業に基づく電力を用いた大量生産である第2次産業革命、1970年代初頭からの電子工学や情報技術を用いた一層のオートメーション化である第3次産業革命に続く技術革新を指すのだという。それは昨今よく耳にすることが多い「デジタル化」の延長にあるもので、具体的には、IoT(モノのインターネット)及びビッグデータ、そしてAI(人工知能)を用いることで生まれる技術革新がそうよばれる。これらの中でも特に重要なのはAIだ。それは、IoTもビッグデータも、AIの技術がベースになっているからである。

今やAIは現代社会の進化に欠かせない存在となっており、これからも大きなインパクトを与え続けるのは間違いないだろうが、一方で、「AIはやがて人間の仕事を奪ってしまうだろう」という悲観的な声も聞かれる。実際、内閣府も、AIやロボットによる、従来人間によって行われていた労働の補助・代替などが可能となるとしており、それに呼応する形でAI脅威論が噴出している。しかしわれわれは、それを批判的にみたい。ヒトは決してAIやロボットに代替される存在ではない。それどころか、ヒトは現代企業にとってかけがえのない唯一無二の存在であって、むしろAI時代だからこそ、ヒトの重要性はこれまで以上に高まっていくと考えたい。なぜそう言えるのか、その根拠は何なのかについては、以下で明らかにするが、第4次産業革命と今後の企業のあり方を考える本章においても、やはりヒトが核になるととらえて議論を進めたい。ただ押さえておきたいのは、ヒトがそのまま企業の競争力になるわけではないということだ。ヒトというリソース(経営資源)、そして各種のリソースを活用する企業としての能力こそを企業の競争力ととらえるべきなのである（これについても後述する）。こうした視角にたって、沖縄県内企業の戦略的方向性を探ることにしよう。

2　AI脅威論批判とヒトの重要性

ＡＩ時代に必要とされる人材とは

上述したように、ＡＩ脅威論が巷を賑わせている。それを強烈に批判するのが堀江貴文（２０１９）だ。ＡＩ脅威論は人の知性や成長力、順応性などを考慮しない、バカらしい意見だというのである。かれはＡＩやロボットに仕事を奪われるという発想を持つ必要はないとしたうえで、今後はＡＩやロボットを使いこなす人と、そうでない人との格差の拡大が始まると主張する。堀江にしたがえば、現代企業の核になるのはまさにこのようなＡＩやロボットを活用する人にほかならないし、そうした人材こそが企業の競争力の強化に寄与しうるといってよい。

これと同じ方向で議論を展開しているのが伊丹敬之（２０１２）である。伊丹は競争優位の源泉として、企業のリソース（経営資源）に注目し、特に無形資源の重要性を強調する。そこで注目すべきは、無形資源を情報的資源として統一的にとらえているところだ。今でこそリソースといえば、ヒト、モノ、カネ、情報とふつうによばれるが、目に見えないタイプのリソースを「情報（的資源）」と名付けたのは伊丹である。しかしかれの貢献は、ただ単に名前を変えたことではなく、無形資源の本質が情報であること、そしてそうとらえることでこの種のリソースのもつ戦略的重要性を明らかにしたことだ。まず前者について、伊丹は情報の流れのフレームワーク（図1）を提示し、企業の事業活動の本質が情報のやりとりと処理にあると主張する。図中のAは、環境から企業への、そしてBはその逆で企業から環境への情報の流れを表している。また企業の内部でメンバーは相互に連絡をとり合い、意思決定という情報処理活動を行っている（Cの情報の流れ）。

情報的資源の担い手はヒト

実は無形資源はこれら三つの情報の流れのいずれかによってでき上がっており、それゆえ情報とみることができるというわけだ。

また無形資源を情報ととらえることで、その重要性も説明可能だという。伊丹によれば、企業のリソースは必要性のタイプと外部からの調達の容易さの程度によって分類可能である。必要性のタイプについていうと、「物理的に不可欠なもの」と「うまく活動するために必要なもの」に、そして調達の容易さでは、そのリソースの量を増減させるのに要する時間やコストがかかる「固定的なもの」とそうではなく入手が容易な「可変的なもの」とにそれぞれ分けられる。いうまでもなく、企業にとって重要なのは、「うまく活動するために必要」で、かつ「固定的」なリソースにほかならない。そうしたリソースは自社に競争優位をもたらすばかりか、カネを出しても買えず、つくるのにも時間がかかるという入手困難性と模倣困難性によって優位の持続可能性をも高めるからだ。こうした属性を併

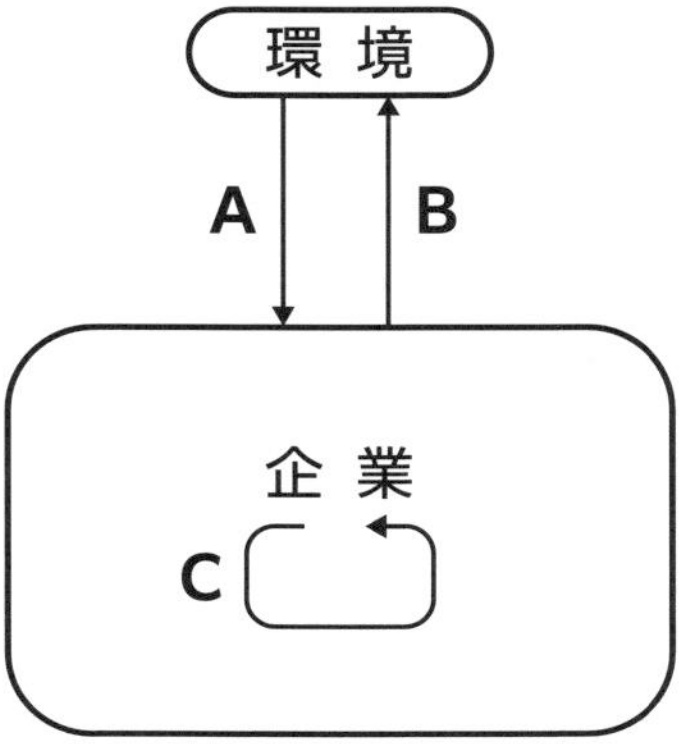

図1　情報の流れのフレームワーク

せ持つのが情報的資源だと伊丹は指摘する。しかも情報は使っても減らず、使っていくうちに増えることさえある。すなわち、同時多重利用でき、蓄積も可能なリソースであるがゆえ、情報的資源は競争相手との差別化につながるとみるのである。

以上の説明からすれば、伊丹の議論は情報というリソースの重要性を説くものであって、先に紹介した堀江の主張とは異なるように思える。しかしそうではない。伊丹は、情報的資源をヒトが担っているということを強調する。単なる働き手としてのヒトではなく、活動を通じて「学習」することのできる、情報的資源の担い手としてのヒト、それこそが企業にとってもっとも重要なリソースというのが伊丹の結論である。われわれもここで取り上げた堀江と伊丹の意見に賛同したい。やはり「企業は人なり」なのだ。

3 企業の競争力の正体――組織能力

企業の競争力の意味するもの

ならば、企業の競争力というのは、情報的資源の担い手としてのヒトを核とするリソースなのだろうか。誤解しないでほしいのは、リソース＝企業の競争力ではないということだ。確かにかつてはヒト、モノ、カネ、情報というリソースに恵まれたところが強い企業、いわゆる競争力のある企業ととらえられてきた。しかしリソースと企業の競争力は明確に峻別されなければならない。リソースは、企業の事業活動にインプット（投入）されるものであり、それだけでは成果を生むことはできない。

コラム アジア経済戦略構想

21世紀に入り、沖縄、日本を取り巻く国際的な環境は大きく変化している。最大の変化は中国の経済成長で、2010年には国内総生産（GDP）が日本を抜いて米国に次ぐ世界第2位となった。さらに、シンガポールやタイ、マレーシアなど東南アジアの国々も目覚ましい経済成長を遂げている。

こうした成長著しいアジアのダイナミズムを取り込み、沖縄の発展を加速させるという沖縄県の成長戦略が「アジア経済戦略構想」だ。2014年に当時の翁長雄志知事が打ち出し、後継の玉城デニー知事も引き続き推進している。

琉球王国の時代から、沖縄はアジア諸国と交易・中継貿易を行う「万国津梁」を掲げてきた。現在、沖縄から飛行機で4時間の圏内を見渡すと、日本や中国、東南アジアの主要な都市が含まれ、20億人が暮らす巨大マーケットが広がっている。

アジア経済戦略構想は目指す方向性として「国際競争力のある国際物流拠点の形成」「世界水準の観光リゾート地の実現」「航空関連産業クラスターの形成」「アジア有数の国際情報通信拠点〝スマートハブ〟の形成」「新たなものづくり産業の推進」の5つを定めている。人やモノの出入り口となる那覇空港の第2滑走路が2020年3月に運用を始め、経済発展を牽引するインフラは整ってきている。世界から企業や投資が沖縄に集まるためには、国際的な感覚を持った担い手の育成も欠かせない。

那覇空港の2本目の滑走路として2020年3月に運用を始めた沖合滑走路

さまざまなリソースを組み合わせ、それを活用していく能力こそが、企業の競争力になるのであり、こうした能力は個人の能力ではなく、企業の全体的能力という意味で「組織能力」とよばれる。よって、リソースは組織能力を構成する一要素であって、リソースが組織能力に転化されたものが企業の競争力の実体をなし、それが企業に競争優位をもたらすとみるべきなのだ。

では、リソースはいかにして組織能力に転化されるのだろうか。簡単な例として、優秀な人材を多数抱えている企業を考えてみよう。ふつうであれば、このような企業こそが強い会社だととらえられるかもしれない。しかし、いくら優秀であっても一人ひとりがバラバラに動いたとしたら決して成果を生むことはできないはずだ。つまり、各人が一つの方向に向かうよう、かれらの行動を調整しなければならない。その役割を担うのが「組織ルーチン」にほかならない。組織ルーチンを定義すると、「組織メンバーの定型化された仕事のやり方、行動のパターン」ということになり、それは組織カルチャー（組織内で共有されている仕事のやり方、仕事に対する姿勢）、組織構造（組織における分業と調整の仕組み）、管理システム（例えば、報酬・評価制度など）、業務システム（規準やマニュアル）により形成される。成功企業は組織ルーチンを通じて自社のリソースをこうした組織能力へと転化し、それをもとに事業を成功につなげている。いい換えると、当該事業の実行に有効な組織ルーチンを構築し、リソースを組み合わせ、活用しているところが成功しているのだ。

組織ルーチンの代表例としては、２０１９（令和元）年に沖縄県にも進出を果たしたコンビニエンスストア最大手のセブンイレブンが長い時間をかけて開発した「仮説検証型発注」とよばれる仕事のやり方を挙げることができる（楠木、２０１０）。仮説検証型発注では、本部ではなく、店舗の発注担当者が自ら立てた仮説に基づいて発注量を決定することになる。本部はこの店舗の意思決定をサポートするための情報提供を行い、担当者はそれに基づき、仮説が正しかったかどうかを確認し、そしてそこでの学習が次の発注に反映されるのだという。加えて注目されるのは、情報のやり取りが本部と店舗の間で双方向的かつ頻繁に行われことだ。これを通じて、店舗からはこれまでに成功した仮説にかかわる情報が本部に伝えられ、本部からも集約された数多くの成功事例が店舗にフィードバックされていく。この仮説検証型発注という仕事のやり方により、セブンイレブン各店舗の仮説設定能力や発注の精度が高まり、本部にも多くの成功事例の情報が蓄積されるといわれている。すなわち、組織ルーチンがセブンイレブンのリソースを組織能力に転化し、この組織能力が同社の強力な競争力になっているのだ。

組織能力とは

組織能力について、それは組織ルーチンとイコールだという誤解も少なくないので、以上の議論を整理する意味で、組織能力とは何かを図式的に示すと、次のようになる。

リソース×組織ルーチン＝組織能力（企業の競争力）

企業の競争力というのは、リソースと組織ルーチンから構成される組織能力にほかならず、それが企業に事業の成功をもたらすことになるのだ。成功企業は組織能力を通じてそれぞれが展開する事業で競争優位を獲得しているといってよい。

しかし昨今の企業を取り巻く環境の変化は既存事業の成功に安住することを許さない。現代企業は既存事業のみならず、それとは異質の、新規事業を探索しなければ、成功を持続させることはできないといってもいい過ぎではあるまい。またそれは沖縄県の企業にとっても決して他人事では済まされない。既存事業の深掘りに加え、同時に新規事業を探索していくことは、現代企業にとって今後の重要な戦略方向だとわれわれは考えている。しかしそれは並大抵なことではなく、なかでも新規事業の探索はきわめて難しい。まさに「言うは易く行うは難し」なのだ。

4 新規事業探索の難しさとチャレンジの必要性

イノベーターのジレンマ論

なぜ新規事業の探索が困難をきわめるのか。この問題解明に取り組み、それが組織ルーチンと深く関係していることを明らかにしたのが、よく知られたクリステンセン（2000）の「イノベーターのジレンマ論」だ。かれの主張をまとめると、「顧客の声に耳を傾け、かれらの要求に応えるようにイノベーションを実行し続ける業界の大手企業はそれが災いして、やがて新興企業に敗れ、その地位を失ってしまう」ということになる。なぜそのようなことが起こるのか。それを説明するには、イノベーションを二つのタイプに分けて考えるとよい。第1のタイプが「持続的イノベーション」であり、それは市場の主要顧客が高く評価するような製品の性能指標を向上させる新製品をつくり出すことをいう。もう一つが、市場の主要顧客の求める性能指標では弱いが、それとは異なる指標について別の顧客層から高く評価される新製品を生み出すもので、「破壊的イノベーション」とよばれる。

短期的にみれば、大手企業は市場の多くを占める顧客層を対象に持続的イノベーションを追求して成功し、新興企業は破壊的イノベーションにより、新市場と新たな顧客層を開拓して成長を実現するという、いわゆる「棲《す》み分《わ》け」が成り立つ。ところが持続的イノベーションの成果はある段階で大手企業のターゲットである主要顧客に訴求しなくなってしまう。かれらの求める製品の性能水準は一定のレベルに達すると商品価値として評価されなくなってしまうからだ。そうなると主要顧客はこれまでとは異なる性能に目を向けるようになり、破壊的イノベーションの価値が市場で広く認められていく。その結果、持続的イノベーションの価値が失われ、大手企業は新興企業に敗れ去るというわけだ。

では、なぜ大手企業は新興企業の破壊的イノベーションに対応できないのだろうか。大手企業は、持続的イノベーションを推進するのに有効な組織能力を構築しているものの、それは破壊的イノベーションに求められる組織能力とはまったく違うものだからだ。つまり、既に述べたように、組織能力はリソースと組織ルーチンからなっているが、そのうち組織ルーチンが対応の妨げになるというのがクリステンセンの主張のポイントだ。大手企業が持続的イノベーションに成功するのは、その実行に必要な組織ルーチンを構築し、それによってリソースを組織能力に転化しているからにほかならない。一方で、破壊的イノベーションに対処するための組織ルーチンは持続的イノベーションに求められるそれとは相容れないものなのだ。だから、既存の組織ルーチンは持続的イノベーションについてはうまく機能するが、破壊的イノベーションについてはその有効性を失うのである。ここで、持続的イノベーションを既存事業の深掘り、そして破壊的イノベーションを新規事業の探索と読み替えても差し支えない。よって、クリステンセンにしたがえば、組織ルーチンの違いが新規事業の探索を難しくしているといえる。

成功の罠

「成功の罠」（サクセス・トラップ）という面からも新規事業探索の難しさを説明することができる（オライリー＆タッシュマン、２０１６）。成功してきた企業ほど、環境が変化しても、これまでの慣れ親しんだやり方を変えることができず、衰退してしまう（注１）。ひとたび成功すると、企業はこの成功体験を学習（ラーニング）し、「自分たちのやっていることは正しい」との確信を持ち、そこから抜け出せなくなるのである。このように、過去の成功体験が災いし、なかなか新規事業の探索に乗り出せないというのは決して珍しいことではない。求められるは、過去の成功体験の棄却（アンラーニング）なのだ。さらにいえば、新規事業の探索はコストがかかる割に、成果を得られるかどうかは不確かだ。一方で、既存事業には精通している。だから、既存事業は新規事業に比べると、圧倒的に確実性が高く、コストも小さくて済む。その結果、どうしても既存事業に傾倒しがちになる（入山、２０１９）。この動きは短期的に見れば問題がないのかもしれない。しかし中長期的にはきわめて危険な企業行動といわざるを得ない。新規事業の探索は自社の未来を支えてくれるものだからだ。

沖縄県の企業には、イノベーターのジレンマを克服する重要性を認識するとともに、成功の罠に陥ることなく、ぜひとも新規事業の探索にチャレンジしてもらいたい。そのために考慮すべき新規事業の探索プロセスを提示しておこう（ティース、２００９）。

（注１）古い話で恐縮だが、T型フォードの大成功により、顧客のニーズが価格のみでなくなったにもかかわらず、低コスト戦略に固執して環境変化に適応できなかった米国の自動車メーカー、フォード社の事例を思い浮かべるとわかりやすいかもしれない。

コラム 観光1千万

2019年に沖縄を訪れた観光客は1016万3900人を数え、暦年で初めて1千万人の大台を突破した。日本に復帰した1972年に年間75万人にすぎなかった観光客数は10倍超にふくらみ、目標としてきたハワイの観光客数とも肩を並べるまでになった。

戦後、米国統治下に置かれた27年間は、日本本土と沖縄の行き来にはパスポートが必要だった。1972年の日本復帰で本土との往来が自由になると、1975年の沖縄海洋博覧会を機に青い海を売りにした沖縄観光が人気を博していった。1992年に首里城正殿が復元され、2002年に沖縄美ら海水族館がオープンするなど受け入れ環境も年々整ってきた。

2001年の米中枢同時多発テロでは、米軍基地のある沖縄への修学旅行に警戒が広がるといった危機もあった。それでも観光客数は全体として拡大を続け、1972年に324億円だった観光収入は2018年度に7340億円を記録するなど、今や観光は沖縄県のリーディング産業として経済の拡大を力強く牽引している。

しかし、2020年の年明けから世界的に広がった新型コロナウイルス感染症により、海外、国内とも人の移動が止まってしまった。2020年の観光客数は前年比63・2%減の373万6600人という復帰後最悪の落ち込みになってしまい、観光に関連した多くの事業者が打撃を受けるなど試練に立たされている。

2002年のオープン以来、多くの観光客を集めている沖縄美ら海水族館

新規事業探索のプロセス

新規事業の探索は、「機会発見」（センシング）からスタートする（図２）。それは、いわゆるＳＷＯＴ分析におけるＯＴ（機会と脅威）分析に対応するものだ。この機会の発見では、当然ながら戦略構築の主体となる経営トップが重要な役割を担うことになる。ただし上述した成功の罠のため、経営トップはどうしても既存事業の深堀りの機会に注目しがちだ。そうなると、必然的に新規事業の機会を感知する能力が弱くなってしまう。では、新規事業の機会発見を効果的に行うために、経営トップは何をすべきなのだろうか。この点はきわめて重要なので、後述することにしたい。

続いて、発見した機会を活用すべく、機会発見の努力の中で得られた情報をもとに新規事業の構想を練らねばならない。これが「事業化」で、サイジング（事業機会をとらえること）ともよばれる。いわゆる、新規事業の定義が行われるのがこの段階だ。つまり、新規事業の標的顧客を定め、かれらに提供する顧客価値のタイプを明らかにするとともに、どのような仕組みでそうした顧客価値をつくり出し、自社の利益を確保するかを決定しなければならない。その意味で、事業化というのは、新規事業のビジネスモデルを構築することといってよい。

事業化段階で構築されたビジネスモデルは実現されて初めて意味をもつのであって、さもなければ、しょせん絵に描いた餅にすぎない。新規事業のビ

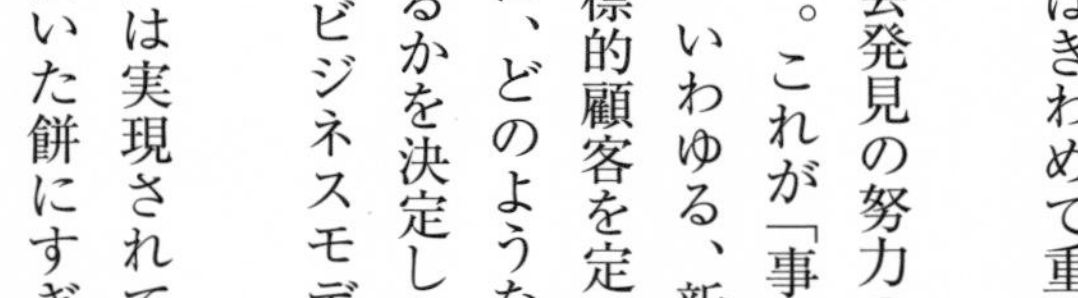

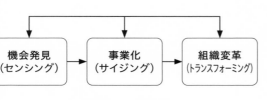

図２ 新規事業の探索プロセス

ジネスモデルを実現するには、既存の組織能力を変革する必要がある。それを行うのが「組織変革」（トランスフォーミング）とよばれる新規事業探索の三つ目の段階だ。すでに述べたように、既存事業に有効な組織能力と新規事業に求められる組織能力はまったく違う。とすれば、新規事業を成功につなげるには、これまでとは異なる新しい組織能力を構築しなければならない。すなわち、組織能力を構成するリソースの開発、入手、再編、そして組織ルーチンの変革に取り組む必要があるのだ。ところが組織能力の変革は困難をきわめる。何度もいうように、組織ルーチンの変革が難しいからだ。この問題にどう対処すればよいだろうか。

新規事業における組織ルーチンの構築については、二つのやり方が提案されている。一つは、新規事業部門を既存の組織から完全に切り離し、そこで当該事業に必要な組織ルーチンを構築し、集中して新たな事業に取り組ませるという、いわゆる「出島方式」（探索事業の分社化）だ。しかし、これについては、切り離すことで、既存組織のもつリソースの活用が十分にできず、既存事業部門と新規事業部門の間のシナジー（相乗）効果（1＋1＞2になる効果）が生まれない、また新規事業部門の自律性と創造性を重視しすぎるあまり、実用性に乏しく、成果につながらないアイデアが量産される危険がつきまとうという問題点が指摘されている。

両利き戦略の重要性

そこでこのような問題を解決すべく出てきたのが、同一組織の中であっても、新規事業部門には当該事業の遂行に必要な独自の組織ルーチンの構築を許容し、しかも既存事業部門のリソースも活用できるよう経営の上層部が調整を行えば、既存事業だけでなく、新規事業は成果をあげられ、既存事業との両立が図られるのではないかという考え方だ。既存事業と新規事業のそれぞれが独自の組織ルーチンのもとで事業遂行にあたり、各部門が協力し合えるような関係を構築できれば切り離す必要はないというわけだ。それは、新規事業部門を成長させるために、既存事業部門のもつ強みやリソースを活かすと同時に、既存事業部門をさらに発展させるべく新規事業で学んだことも活かそうという方向であり、「両利き」とよばれる。利き腕のように右（既存事業）も左（新規事業）も使える（両立させることができる）という意味だ。両利き戦略こそ企業にとってきわめて有望な事業展開方向だと考えられる。

5　両利き戦略とトップリーダーの役割

県内企業には、この既存事業の深掘りと新規事業の探索を同時に追求するという両利き戦略の追求を提言したい。既存事業をさらに発展させていく取り組みはもちろん必要だし、大切だ。しかし、それだけでは企業の持続的成長は望むべくもない。とするならば、自社の未来を切り開いてくれるような新規事業の探索も同時に行わなければならない。ただそれは上述したように、きわめて難しいチャレンジだ。この難題にどう挑めばよいのか。それを明示しなければ、両利き戦略は机上の空論でしかない。本章のまとめとして、この戦略を効果的に実行するためのポイントを指摘しておこう。

両利きの実現にあたっては、やはり経営トップの役割がカギを握ることになる。いわゆる「両利きのリーダーシップ」であり、それは経営トップに次の4つのアクションを求めることになる。

ビジョンの提示

両利きを実現するには、まずは経営トップとして大きなビジョンを提示しなければならない。なぜ既存事業がうまくいっているのに、危険を冒してまで新規事業に乗り出す必要があるのか。両利きにチャレンジした結果、われわれにどんな未来が開けてくるのか。そんな疑問に答えることができなければ、会社のメンバーからの反発は避けられまい。逆にいえば、彼らが納得すれば、両利きの実現に向けて、大きな一歩を踏み出すことができるはずだ。県内企業には、「命どぅ宝」「ちむぐくる」「ゆいまーる」といった、時代を越えても変わらない普遍的な感性や価値観がある（與那原・山内、2021）。それをビジョンに盛り込みながら、両利きの必要性、重要性を訴えかけるとよい。沖縄の企業としての独自性を包含したビジョンに共鳴できれば、ヒトはたとえそれが困難なチャレンジであってもそれに立ち向かうはずだ。言葉のチカラは決して小さくない。

企業ドメインの設定

経営トップが担うべき第2の役割として、掲げたビジョン（両利き）の実現に向け、自社の事業領域を明示した自社の企業ドメインの設定を挙げたい（富士フイルムの企業ドメインである「I&I」（イメージングとインフォメーション：映像の記録と情報目的に向けた映像の最適化処理）は有効に機能したドメインとして評価が高い（注2）。ちなみに、同社は両利き戦略の成功例としてよく取り上げられる）。新規事業の探索については、機会発見、事業化、組織変革というプロセスで取り組めばよいということはすでに述べたが、この探索プロセスを円滑に進めるうえで企業ドメインは欠かせないものとなる。実は、企業ドメインには、注意の焦点を限定できる、企業全体を一つの組織とする一体感をつくれるなどの意義がある（伊丹・加護野、２００３）。その中で、注意の焦点が定まるという意義は、探索プロセスの機会発見に寄与することになる。機会発見には情報の収集が必要とされるのはいうまでもないが、自社として目指すドメインを規定することで、その領域での深い情報収集が可能となり、それは機会発見の精度を高めることになろう。また経営トップといえども決してスーパーマンではないので、単独で機会発見ができないことも少なくないと思われる。そのような場合、現場に近いミドルレベルの管理者（ミドル）から発案を求めることになろうが、設定されたドメインが発案のベースとなり、自社の事業領域と整合的な事業プランの提案が期待できるだろう。

そして組織としての一体感の醸成という企業ドメインの意義は、新規事業探索にとって最大のネックとなる組織変革を進めるうえで役に立つ。組織変革では、ビジネスモデル、特に組織ルーチンの変革がカギとなるが、同一組織の中で異なるルーチンを有する部門の併存を認める両利き戦略を進めるには、既存部門のリソース面でのサポートが欠かせない。企業ドメインの設定により、既存事業部門と新規事業部門に「自分たちがやっている事業を貫く一つのアイデンティティがある」という感覚が生まれ、既存事業部門も新規事業部門に協力しようという気になるはずだ。

ミドル層の巻き込み

第3に、右で述べたことにも関係するが、戦略立案にミドルを巻き込むことも経営トップは積極的に行うべきだ。かれらが戦略づくりにかかわることで、各事業部門の有するナマの情報が直接持ち込まれ、新規事業の機会発見がスムーズにいくだろうし、それが組織ルーチンになり、社内に定着すれば、ミドルというリソースの活用を通じて、企業全体としての機会発見能力の向上につながるに違いない。現に両利き組織の代表例とされるAGC（旧旭硝子）（注3）でも、「戦略はその実現を担う人たちに考えてもらうのが一番」という経営トップの意向で、今後10年間の成長戦略の立案が20人のミドルに託されたという（加藤ほか、2020）。ただし、このミドルの巻き込みはトップ自身が成功の罠に陥っている場合は、当然ながら期待できない。過去の成功体験によって導かれた考え方を一掃するためにも、経営トップは周りに自分に忖度するイエスマンではなく、自分の考えに異議を申し立ててくれるような側近を配置すべきではないだろうか。それが凝り固まった考えから脱却する手助けとなり、的確な機会発見につながるはずだ。側近からイエスマンを排除することも、両利き戦略の実行にとって考慮すべき重要事項の一つといえよう。

（注2）現在、富士フイルムは「イメージング」「ヘルスケア&マテリアルズ」「ドキュメント」の3つのソリューションへと企業ドメイン（事業領域）の見直しを行っている。

（注3）両利き戦略の提唱者のひとりであるオライリーもAGCを両利きの経営を実践している組織と認めている（加藤ほか、2020、134頁）。

三つの組織能力の構築

以上の、ビジョンの提示、ドメインの設定、ミドルの巻き込みを通じて、既存事業と新規事業の間に生まれがちな感情的なテンション（緊張関係）が解消されることが期待されるが、それでもなおうまくいかない場合、経営トップは積極的に双方を納得させるアクションをとらねばならない。それが既存事業部門と新規事業部門の切り分けと統合（両部門が協力し合うこと）だ。既存事業と新規事業とでは当然目指すものが違うため、それぞれの事業部門の目標達成に必要な組織ルーチンの構築を促さねばならない。このときによく見られる過ちが、両部門を同じ指標で評価してしまうことだ。評価システムについても、もちろん切り分ける必要があるし、そうでなければ両利きは成功しないだろう。もちろん、切り分けだけで済む話ではない。切り分けた後は統合を考えるべきだ。これについては、評価システムに工夫を凝らした米国のＩＢＭの対応が参考になると思われる。同社は、既存事業部門と新規事業部門のそれぞれの長に両利きの推進という全社的な評価基準を課したという（オライリー＆タッシュマン、２０１６）。評価が担当事業の業績のみで決まるなら、部門間の協力関係が期待できないからだ。一考に値する統合方

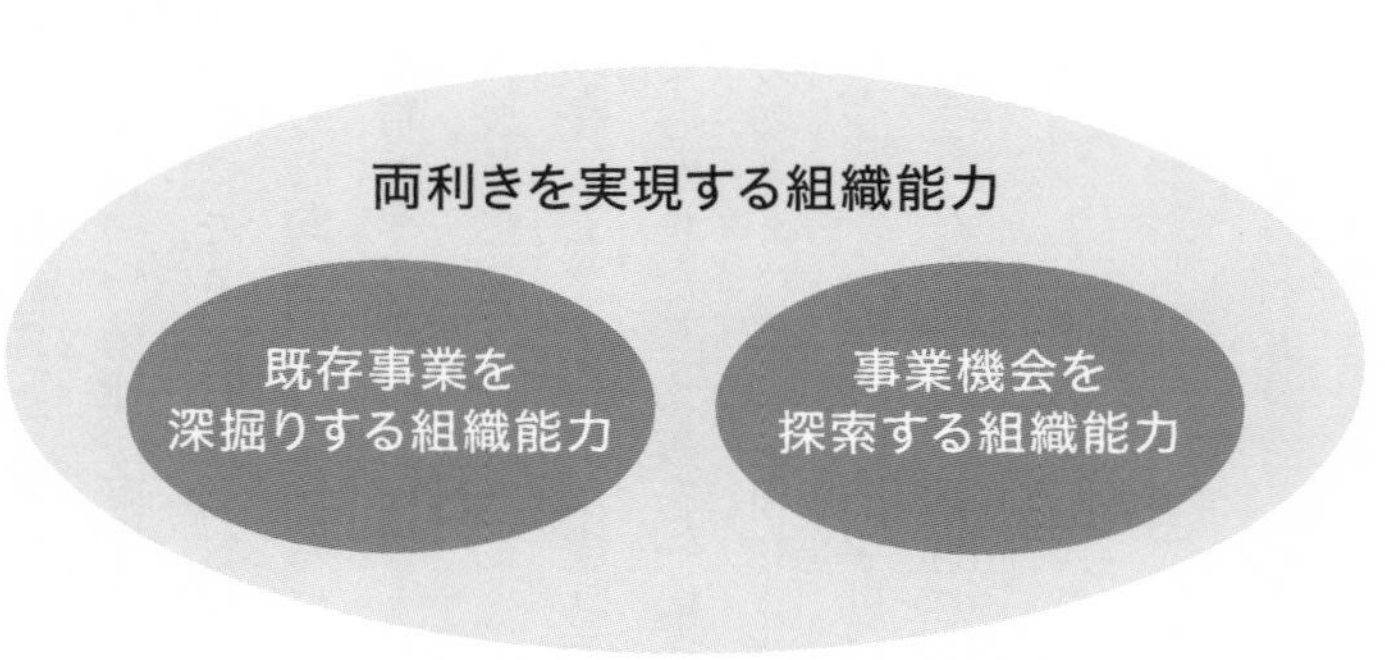

図3　両利きに求められる三つの組織能力

コラム モノレール

県民や観光客の足としてすっかり定着した沖縄都市モノレール（ゆいレール）。２００３年開業の首里駅から那覇空港駅までの総事業費は1千億円超。構想から30年以上を費やす、県民悲願の一大事業だった。

那覇市議で実業家でもあった高良一氏の働きかけを受け、平良良松那覇市長（当時）が１９７１年にモノレール導入を那覇市のプロジェクトに位置づけた。１９７２年の沖縄振興開発計画で必要性が記され、市、県、国が調査事業を相次いで実施。導入に向けた動きが加速した。ただ、膨大な事業費に加え、採算性に不安もあり、事業化に踏み出せずに月日が過ぎていく。

浦添市の延長区間を走る沖縄都市モノレールの車両（沖縄タイムス撮影）

１９７９年に平良市長の要請に西銘順治知事（当時）が、翌年度の事業化を回答。政治決断で再び動きだす。同年、県と市は都市軌道建設準備室を設置。１９８１年には沖縄都市モノレール社設立、開業に必要な特許申請ととんとん拍子に進む。

ところが国から、収支計画の再検討、競合するバス会社との合意―などの要望が出され、事実上の事業凍結に。

1日当たりの乗客予測を当初から半分以下の3万5千人まで3度も見直し、初期投資を圧縮。バス会社とは補償額などで折り合いをつけ、起工式にこぎ着けたのは15年後の１９９６年だった。

開業後は乗客数も順調に伸び、２０１９年度は過去最高の１９７５万人を突破。1日当たりは5万5千人となった。

沿線にはホテルや商業施設などが建ち並び、地域の活性化にも一役買っている。交通渋滞を緩和したとの調査結果も。２０１９年には浦添市までの延伸も果たし、３両編成導入も目指す。県経済の発展を後押ししながら、今日も運行中だ。

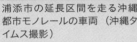

法といえよう。また評価の工夫だけでなく、両利き組織のＡＧＣのように、既存事業と新規事業のビジネスモデルの違いについて理解を深めるために、経営幹部同士、さらに幹部と若手社員との対話集会など、さまざまな話し合いの機会を設けることも統合に向けプラスに働くと考えられる（加藤ほか、２０２０）。その結果、三つの組織能力が生まれることになる。一つは、既存事業を深掘りする組織能力、二つめは新規事業の探索に有効な組織能力、そして三つめが既存事業と新規事業を同時に実現するという両利きの組織能力だ（図３）。

このような両利きのリーダーシップを通じて、両利きに求められる三つの組織能力を構築することができれば、必ずや企業全体としての競争力が強化されるはずだ。

経営トップのリーダーシップの発揮

本章では、「両利き」というキーワードをもとに、その実現に向けた経営トップのリーダーシップの重要性について論じてきた。両利き戦略を実行するためにも、トップ・リーダーは情報的資源の担い手となりうるヒトの育成、戦略立案に寄与しうるミドルの育成、すなわち「人材育成」に注力しなければならない。さらには、自らの「後継者をどう育て、どのタイミングでバトンタッチするか」という問題にも頭を悩ませる必要がある。そう考えると、経営トップの責任はやはりきわめて重大だ。

コロナ禍の中、県内企業を取り巻く経営環境もいっそう厳しさを増している。「経営の成否は自らの手腕にかかっている」。沖縄の企業経営者には、そのことを肝に銘じて、発奮してもらいたい。経営トップとして、有効なトップ・リーダーシップを発揮できれば、県内企業の経営者は、国内外企業との厳しい競争を勝ち抜き、自社の持続的成長という大きな勲章を手にすることができるに違いない。大いに期待したい。

参考文献

伊丹敬之・加護野忠男（２００３）『ゼミナール経営学入門（第３版）』日本経済新聞社

伊丹敬之（２０１２）『経営戦略の論理（第４版）』日本経済新聞出版社

入山章栄（２０１９）『世界標準の経営理論』ダイヤモンド社

オライリー＆タッシュマン（２００４）O'Reilly Ⅲ, C.A. and Tushman, M.L.（2004）"The Ambidextrous Organization" *Harvard Business Review*, April, pp.74-81.

オライリー＆タッシュマン（２００８）O'Reilly Ⅲ, C.A. and Tushman, M.L.（2008）"Ambidexterity as a dynamic capability: Resolving the Innovator's Dilemma" *Research in Organizational Behavior*, 28: pp.185-206.

オライリー＆タッシュマン（２０１６）O'Reilly Ⅲ, C.A. and Tushman, M.L.（2016）*LEAD AND DISRUPT：How to Solve the Innovator's Dilemma*, the Board of Trustees of the Leland Stanford Junior University.（入山章栄監訳（2019）『両利きの経営―「二兎を追う」戦略が未来を切り拓く』東洋経済新報社）

加藤雅則、チャールズ・オライリー、ウリケ・シェーデ（２０２０）『両利きの組織をつくる―大企業病を打破する「攻めと守りの経営」』英治出版

楠木 建（２０１０）『ストーリーとしての競争戦略―優れた戦略の条件』東洋経済新報社

グラント（2008）　Grant, K.M. *Contemporary Strategy Analysis*, Blackwell Publishing.
（加瀬公夫監訳（2008）『グラント現代戦略分析』中央経済社）

クリステンセン（2000）　Christensen, C.M. *The Innovator's Dilemma*, Harvard Business School Press.
（伊豆原弓訳（2001）『イノベーションのジレンマ（増補改訂版）』翔泳社）

タッシュマンほか（2011）　Tushman, M.L. Smith, W.K. and Binns, A. "The Ambidextrous CEO" *Harvard Business Review*, June, pp.74-80.

ティース（2009）　Teece, D.J. *Dynamic Capabilities and Strategic Management*, Oxford University Press.
（谷口和弘他訳（2013）『ダイナミック・ケイパビリティ戦略』ダイヤモンド社）

内閣府（2019）　「第2章　新たな産業変化への対応　第1節　第4次産業革命とは」『日本経済 2016－2017 ―好循環の拡大に向けた展望―』https://www5.cao.go.jp/keizai3/2016/0117nk/n16_2_1.html

中橋國藏（2015）　「資源ベース論と持続的競争優位」『青山経営論集』第50巻第2号、172－183頁

堀江貴文（2019）　『僕たちはもう働かなくていい』小学館新書

與那原 建（2010）　「ダイナミック能力論の可能性 ―競争戦略論の統合化に向けて―」『経済研究』（琉球大学）第80号125－145頁

與那原 建（2015）　「ダイナミック能力と両利きのマネジメント」『経済研究』（琉球大学）第89号 49－63頁

與那原 建（2017）　「オライリー&タッシュマンのダイナミック能力論―両利きの実現可能性にかかわる命題の検討」『経済研究』（琉球大学）第94号 51－60頁

與那原 建・山内 昌斗（2021）　『沖縄企業の競争力―歴史考察と理論研究―』文眞堂

あとがき

この度、1950倶楽部が企画・編集した「沖縄経済と業界発展―歴史と展望―」を発刊（2021年3月）することになりました（2022年12月改訂）。ここに1950倶楽部の紹介とその経緯について触れておきます。

1950倶楽部は1950年に創業した11社で構成しており、2020年に創業70周年を迎えました。これもひとえに県民の皆さまのご支援の賜物であり心より感謝申し上げます。

1950倶楽部は2015年にスタートし、活力ある県経済の発展や県民生活の向上に資することを目的に、共同で社会貢献活動等に取組んできましたが、2020年をもってその活動を終了するにあたり、今回、その集大成として本書の出版に取組んだものです。

沖縄は他府県と違い特異な歴史を歩んできました。そういう中で沖縄経済は過去からどのように発展してきたか、また、「会社の寿命は30年」とも言われる中、県内企業はどう生成・発展してきたか、歴史を振り返るとともに、県経済、県内企業の更なる発展に向け、課題を提起し、そして将来を展望する内容になっています。

今回、1950倶楽部の企画により、執筆して頂いた先生方、大城肇氏、與那原建氏、山内昌斗氏、大城淳氏には、無理難題を快く引き受けて頂き、また琉球新報社、沖縄タイムス社には、それぞれ11編のコラムの提供を受けるなど、全面的な協力を頂きました。このご縁に深謝致します。

そして1950倶楽部を立ち上げる際にご尽力頂いた、故外間政春氏（2017年急逝、当時光文堂コミュニケーションズ社長）に感謝と哀悼の意を捧げます。

なお、本書の成果につきましては、琉球新報社、沖縄タイムス社を通して、「沖縄の将来を担う人財育成」、「子供の貧困問題の解決」のために全額を寄付します。

企業は社会の公器（松下幸之助の言葉）であります。地域経済の発展を担うのは、主に地場の企業であり、地域社会の活性化のために大きな役割を果たしています。

近年、グローバル化やデジタル社会が進展する中、今回、世界規模で発生したコロナ禍は、社会・経済を加速度的に大きく変化させ、企業のあり方や私たちの働き方にも大きな影響を及ぼしています。

そういう中で2022年5月沖縄県は、本土復帰50周年の節目を迎えました。私たちは今、この時を新たなスタートと位置づけ、本書で述べている事や諸課題に積極果敢に取組む必要があります。

結びに、私たちを取り巻く環境は厳しいものがありますが、「創業は易く、守成は難し」（物事は始めるより継続する事がより難しい）という故事の言葉のように、県内企業が環境変化に適切に対処し、押し寄せてくる荒波を乗り越え、沖縄経済・地域社会の発展のために大きく飛躍することを期待します。

1950倶楽部　会長　上間　優（大同火災海上保険株式会社　相談役）

1950倶楽部

株式会社赤マルソウ

株式会社新垣具郎商店

新垣産業株式会社

沖縄食糧株式会社

沖縄バス株式会社

光文堂コミュニケーションズ株式会社

株式会社屋部土建

株式会社りゅうせき

琉球海運株式会社

琉球物流株式会社

大同火災海上保険株式会社

改訂版

沖縄経済と業界発展
―歴史と展望―

初版発行日　2021(令和3)年3月1日
改訂版発行日　2022(令和4)年12月1日

著者　大城 肇
與那原 建
山内 昌斗
大城 淳

コラム執筆
(琉球新報社)
与那嶺明彦、与那嶺松一郎
(沖縄タイムス社)
稲嶺幸弘、宮城栄作、赤嶺由紀子、
照屋剛志、川野百合子

編集　1950倶楽部
協力　琉球新報社・沖縄タイムス社
発行人　外間なるみ
発行所
制作・印刷　光文堂コミュニケーションズ株式会社
〒901-1111 沖縄県南風原町字兼城577
TEL (098) 889-1121

販売元　厚有出版株式会社
〒106-0041 東京都港区麻布台1-11-10
日総第22ビル7階
TEL (03) 6441-0389